「未來學」大師 莊淇銘 教授 ◎著

章魚工作成功術

八核心能力的修煉
讓工作 MAKE BEST
自己就 BECOME THE BEST

晨星出版

培養「對」的競爭力

——學校的好成績，不等於人生的好成績

教授未來學多年，持續呼籲社會，要跟上社會變遷的腳步。否則，將被淘汰於新社會的洪流中。近年來，台灣貧富差距持續擴大，加入貧窮行列的人越來越多。

日本大前研一針對中產階級消失的現象，提出M型社會觀點，指出在全球化的趨勢下，財富快速攀升，富者愈富；相反的，原本穩定社會力量的中產階級，因爲社會變遷，流失競爭力，而淪落到中下階層。不只日本，世界各國只要進入知識社會就會形成「貧富差距擴大」。七〇年代美國企業執行長（總經理）薪水約一般員工的十五～二十倍；九〇年代增加到一五〇～三五〇倍；現在更超過五百倍。台灣貧富差距從九十七年的七．七三倍，九八年提高到八．二二倍，到九十九年近九倍。朋友問：如此嚴重的社會不均，怎麼辦？我說：「政府及社會要齊心協力因應此問題。若政府不關注貧富差距必定持續惡化。」

管理大師彼得．杜拉克遠在一九六九年即提出「知識社會」時代的來臨，時至今日「知識」已成爲社會中最重要的「資產」。「知識」的價值在新觀念、新創意，這不是傳統死背、塡鴨教育環境能學到的。因此，日本一九九五年正式宣布告別「模仿時代」，邁向「科技、創新立國」的時代。日本的學習文化也因隨之改變，學習重心從模仿轉以「創新」爲主

體。未來學大師艾文．托佛勒在《第三波》中指出：送小孩上第二波的學校，學標準答案，既有知識，反覆練習，強調考試與背頌。是工業社會時代的教育方式。在現在的知識社會中，已不實用了。爲了面對新趨勢，美國已開設「新科技高中」，不給標準答案，培養思考、判斷及解決問題的能力。

如果台灣的教育方式還停留在工業社會的思維——讀書只爲了考試，爲了升學；還在重覆背頌塡鴨式的教育，沒有培養目前社會所需要的思考力、創新力、口才溝通及執行力……那麼我們的大學畢業生薪水比十年前還低就不意外了。社會會持續變遷，新社會產生新競爭力，所以我必需提出八大核心競爭力：❶未來力。❷學習力。❸多專力。❹創新力。❺應執力。❻表達力。❼容挫力。❽強健力。就是要讓大家瞭解，目前知識社會的核心競爭力。

台灣的教育應將這些知識競爭力融入教育中，否則，畢業後將因沒有具備新社會所需要的競爭力，在職場上淪爲弱勢，掉入貧窮線是必然的事。其次，就算畢業後，也必需持續的加強這些核心競爭力，因爲「不進則退」，你不進步，人家若進步，等於你退步。彼得杜拉克說：「成長的停止，是死亡的開始。」我則提：「成長比人慢，是看到墓碑的開始。」讓我們一起培養八大核心競爭力，在人生的戰場上，開疆闢土，揚名立萬！

莊淇銘（國立台北教育大學教育政策經營管理研究所教授）

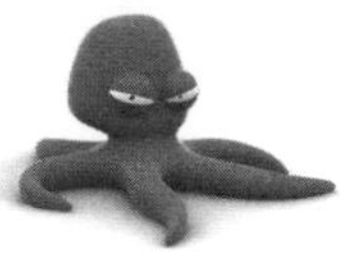

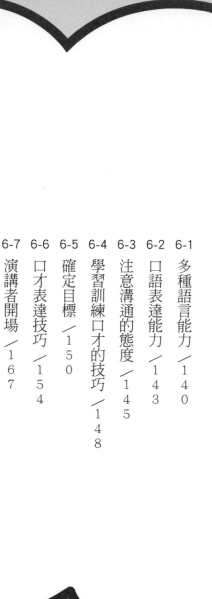

第 1 章

競爭力的演變
「章魚型」
學習的崛起

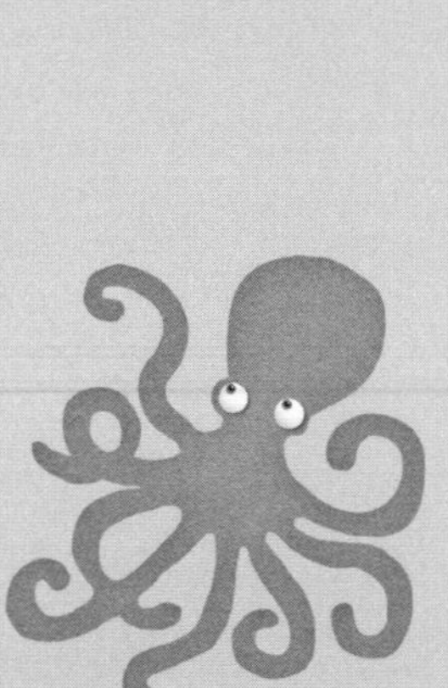

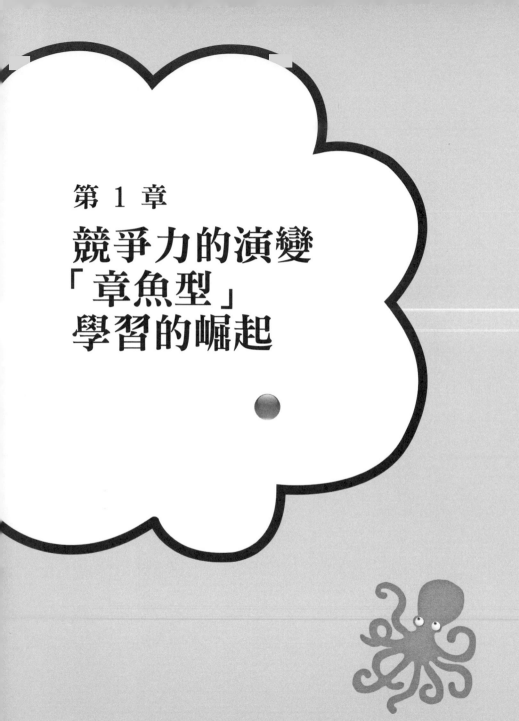

1-1 從教改開始說起

教改推動十多年來，從學生的學習態度及學習結果來看，卻是成效不彰。每次大規模召開教改會議，經常被批評是「大拜拜」。有朋友問我：「教改為什麼會成效不彰，學生還是停留在『讀書為了升學、為了考試』的思維？」我這樣回他：如果有人還在用DOS系統，你會覺得這個人如何？朋友笑著說：「這個人太落伍了吧？」

我跟朋友說：「DOS系統離現在多久？不到二十年，你就認為太落伍了。想一想，你的學習方法，離現在多久？」朋友一樣笑著說：「大約停留在學校的學習時期，那超過四十年了。」我說：「DOS系統離現在不到二十年，你就認為落伍，那你的學習方法及思維停留在四十年前，不是更落伍？」朋友拍著頭說：「你的意思是，我們的教育思維還停留在舊時代有如DOS？」我回說：「沒錯！芬蘭教改成功，是因為芬蘭將教育從DOS系統提升到Windows且持續更新，而我們還在DOS系統中繞，目前台灣仍在討論是DOS1.0或DOS11.0比較好，當然跟不上新時代教育的需求，就算開會也無法有效解決當前教育的問題與需求。」

為什麼微軟要將DOS升級成其他Windows呢？因為DOS有缺點：

❶ 僵化的條列式指令。

❷ 需要死背指令。

❸ 不符合人性化。

這是不是與當下的教育問題有點類似呢？

知名作家肯．羅賓森在《讓天賦自由》一書中表示，世界快速變遷，但人類的教育方式，甚至心靈都還囿限在過去的舊思維體系中。他強調：「**學校的好成績，不等於人生的好成績**。」他認爲現在的教育思維仍舊是學歷掛帥，讓小孩子有好成績，考上好學校，取得好學歷，這樣就可以找到好工作。

未來學大師《第三波》的作者艾文．托佛勒指出：送小孩上第二波的學校，標準答案，既有知識，反覆練習，強調考試與背頌。這些教育方式是爲工業社會時代的社會需要所設計。這形成了「分數至上」，「讀書爲了考試」、「考完試就可以還給老師」的學習思維。這些工業社會時代的教育模式，已不符現在知識社會的需求。

我在《「學習」已經落伍了—掌握知識管理》中亦指出，人類已進入知識社會，但是大部分的教育思維與方式還停留在工業社會。只有在工業社會中，學歷才是等於競爭力；在知識社會中，學歷絕對不等於競爭力，這點從流浪碩士到流浪博士的增加可見一斑。

台灣的大學畢業生平均薪水低於十年前，主要原因即許多大學的教育方式仍停留在工業社會，因此培養出來的能力，無法符合知識社會需要的關鍵能力。

工業社會的教育方式造成了「考試導向」的學習思維；然而，在知識社會中，必須揮別「考試導向」，重新建立「能力導向」的新學習思維。因爲，考試通過取得的學分或學歷已經不等於實質能力了。

在「能力導向」的思維下，讀書的功能是培養你的各項能力，這些能力，將來就是你就業時所需要的競爭力。

比爾．蓋茲之所以在全球推動「未來學校」，正因爲他認爲美國現在的教育方式培養不出知識社會所需要的人才。爲了面對新趨勢，全球都在進行教育改革。然而，教改要能成功，必須完成兩項工作。其一，找出新社會所需要的競爭力；其二，教學方法能有效的培養學習者具備這些競爭力。

1-2 競爭力的演變

人類從農業社會、工業社會、資訊社會到知識社會，社會的變遷造成了生活型態的改變、價值觀的變動，以及競爭力的轉變。

在農業社會中，不認識字沒有關係，人只要身強力壯就能在農業社會具備高競爭力。然而，進入工業社會後，科技成爲主要競爭力，義務教育興起，識字是工業社會的基本競爭力之一。除了識字外，擁有一技之長的人才具備社會競爭力。

社會上認定一技之長的標準是「文憑」，所以「文憑主義」及「單一專業」成爲工業社會的教育主流思想。此外，由於工業社會的科技是主要競爭力，造成了數學邏輯的能力成爲核心競爭力，也因此，IQ成爲智力的指標。

進入資訊社會後，工業社會標準化的情況不再，完成工作需要多元的資訊及團隊協調，因此造成EQ的興起，及多元智能與在資訊社會中兩個專業的思維被提出：在工業社會中，單一專業的人稱爲「I型人」，兩個專業稱爲「π型人」。

而現在的知識社會，更重視CQ(Creative Quotient)——創意智商，CQ已成爲最新核心競爭力。

新的社會需要新的競爭力，芬蘭看出人類進入知識社會後，需要新的競爭力，所以提出新競爭力並經由教改將這些競爭力融入教學中，讓學生畢業後具備這些能力。反觀我們的教改就只是「口號」。

何謂「口號教改」？就是有教改之名，無教改之實。也就是我之前提到，還在DOS版，只是差別在於推DOS100.0及DOS101.0罷了。

當前諸多教育思維及教學方法還是停留在工業社會。所以，在競爭力方面，依然停留在「工業社會的競爭力」，只注重學生數學邏輯及文憑考試的能力。

而在教學上，則傾向「課程導向」，覺得英語能力要加強就提高英語學習課程，覺得要會鄉土語言就開設「鄉土語言課程」。

我覺得教改應該要找出知識社會的競爭力，然後，教導學生學會這些能力。所以，我在此提出八種核心能力，簡稱為「MAKE BEST」。從字面上看，具備此八種能力可以讓學習者成爲最棒的！

1-3 「章魚哥、章魚妹」的時代來臨了——八大競爭

章魚有八隻爪且有超強的生命力，我將具此八種核心能力的人稱爲：「章魚型」人。

- ●Multiple Expertise 多專業能力（多專力）
- ●AQ（Adversity Quotient）& Positive Thinking 挫折恢復力與正面思考（容挫力）
- ●Knowledge Utilization & Execution 應用力和執行力（應執力）
- ●Effective Learning 效率學習能力（學習力）
- ●Brain storming & Innovation 思考創新能力（思創力）
- ●Energy 體能與腦能（強健力）
- ●Speak & Languaes 口才語言能力（表達力）
- ●Trend 掌握趨勢能力（未來力）

多專業能力（多專力）Multiple Expertise

在農業社會，體力就是競爭力，所以「轉大人」很重要。轉不過去，體能不佳，將流失競爭力。進入工業社會後，科學理性興起，大學開始設立不同專業的科系。擁有「一技

之長」成爲主流，沒有專業的人在社會上失去競爭力。而進入資訊社會後，開始要整合不同的領域，於是啓動了多專業的時代。

二〇〇一年我在高雄空中大學擔任校長時，當時我見到有醫師修法律課程，也有會計師修法律系，準備考律師。我問他們爲什麼要修法律課程。會計師說：「會計與法律息息相關，與其成立聯合事務所，不如自己就具備兩項專長。」醫師說：「現在的社會，醫療糾紛很多，修法律課程可以避免不必要的法律問題。」

從二〇〇一到二〇一一已經過了十年，社會對多專業的需求更越來越高。以保險業爲例，原本只要懂保險的專業知識，現在，還要具備投資理財能力。未來；還要具備生涯規劃能力，輔導客戶生涯規劃。因爲，如果客戶生涯規劃得不好，失業或經營不佳，生活無著落，又如何能繳交保險費及投資理財呢？這就是多專業的需求演變。

容挫力AQ Adversity Quotient & Positive Thinking

工業社會競爭力以科技爲基礎，在腦力方面著重於IQ，且由於工業社會大多數「標準化」作業，只需按表操課，所以溝通協調的EQ能力並不那麼重要。但進入資訊社會後，領域統整，需要團隊合作。EQ逐漸成爲資訊社會最重要的能力。面對社會型態的變遷，

「高跟鞋型」社會的形成，中產階級的瓦解，社會財富兩極化，只有少數高跟鞋根的比率爲高所得，近七成的人民活在貧窮邊緣。在此情況下，社會的競爭狀態遠超過從前，工作不順離職或表現不力遭解聘而更換工作是常有的事。也因此，容挫力AQ（Adversity Quotient），成爲必須具備的重要能力。

要培養AQ能力必須從生命教育著手，高AQ的人需具備正面人生觀、良好的EQ及耐力與毅力，這些都是生命教育的內涵，其中，正向思考是其核心精神。有一句名言可以說明正向思考的重要性：「**不爲失敗找理由，要爲成功找方法**」。

具正向思考力的人，遇到挫折與困難的態度不是自怨自艾、怪東怪西，而是找出造成挫折的原因，克服困難、勇往直前。例如：愛迪生在發現鎢絲可以當燈炮的發光體之前，測試了數千種材料都失敗。愛迪生家鄉的鄉親得知此一訊息後，發起安慰行動，集體從家鄉前往探視愛迪生，要給愛迪生打氣，叫他不要因失敗多次而難過。沒想到，愛迪生竟說：「你們在幹嘛？我哪有失敗？我是成功測試了數千種材料不能當燈炮的發光體。眾鄉親聽了後，幾乎全傻眼，卻也因此上了寶貴的生命教育課程，那就是Positive Thinking（正面思考）及其所產生的威力。愛迪生能成功的重要關鍵之一就是正向思考。

運用力和執行力（應執力）Knowledge Utilization & Execution

學習了以後呢？在工業社會「文憑主義」、「讀書爲了考試」的學習思維下，學習的功能就是考試。因此，考完試就可以將所學忘掉，還給老師。可是知識社會中，能力超越學歷。如何將所學轉化成能力？「知識運用能力」於是成爲重要的能力。但光影印知識是不會產生力量的，要會靈活運用知識才會產生力量。

以影印機的發明爲例。早期沒有影印機，複製的方法就是刻鋼板。考試前，借筆記抄得手痠還抄不完。有影印機後，方便太多了。影印機就是基本數學知識的運用。影印機的概念就是將一張紙分割成許多細小的方格，每一個方格都有其數學上的座標。運用此一數學概念，設計機器掃描紙張，只要紙張上對應座標是黑的，就給該位置的值是1，若是空白則爲0。掃瞄過後，將掃瞄的座標資料傳送給噴墨機，噴墨機設定座標值爲1則噴墨，0則不予理會。雖然影印機運用的數學座標原理這麼簡單，但是運用這知識的發明人獲得巨額的專利金，同時也大幅提升人類複印的效率。這就是知識的運用力及執行力。

幾年前，我的好朋友帶著一篇新聞報導來找我，報導寫著：蔬果的養分大都存在根莖葉，但是大部分人打果菜汁，卻把這些部分當成殘渣丟掉，因此根本沒有吸收到營養。很多人都看過這一則報導，就算覺得有些震撼，也只是停留在「知道」而已。但是我的朋友張簡松山轉述這則訊息時，卻是嘴角不自禁地揚起微笑，這時我知道他已經想到要如何運用了。

同樣接收到一則訊息，一般人聽過就忘了，他卻拿來延伸應用，發明了「生機調理機」，強調可以把蔬果的重要養分統統留住，結果在市場上掀起一陣風潮。成爲購物頻道的熱銷產品。你知道這則訊息價值多少錢嗎？發明人光靠這台調理機就賺了好幾千萬。這就告訴我們，知識本身不會自動產生力量，要會運用知識才會產生力量。

再舉個例子：夏天到來時，幾乎每戶家庭對於收納厚重的棉被都深感困擾。張簡松山的朋友發明了一台封口機，卻不知要如何應用，張簡松山卻馬上就想到利用的方式，他將這個封口機結合便宜的塑膠袋，發明了眞空收納袋，輕鬆解決大家收納厚重棉被的困擾。當然這也是一起新商機，讓他賺進了不少錢，這就是運用知識、活用訊息的最佳金典範。

效率學習能力（學習力）Effective Learning

由於時代持續變遷，知識也日新月異，因此，經常學習新的知識是一定要的。如何有效率的學習新知，是知識社會的另一個重要競爭力，故學習力又稱爲「效率學習」。在學習同一課程，會因爲學習方法不同，而有不同學習效果。亦即，同樣上課學習，不同的學習方法產生不同的學習效率。目前坊間亦有相關多的學習方式例如：心智圖、速讀、曼陀羅等……以學習九九乘法表爲例，一般學習九九乘法表約需一個星期。我開發出來的方法只需約1個小時。我在《知識不是力量—學會思考》提出「一小時學會九九乘法表」的方法。在《一小時學會22 X 22乘法表—數學好好玩》，提出學會九九乘法後，如何在一小時內學會22 X 22的乘法表。採取有效率的學習法，就是「學習如何學習」的主要意涵，其精神就是學習如何有效率的學習。

思考與創新能力（思創力）Brain storming & Innovation

農業社會中，體力是核心競爭力；在知識社會，腦力成爲核心競爭力。再加上社會變遷快速，新需求一直出現，開發創意滿足新需求，創新成爲重要競爭力指標。如何激盪腦力啓發思考，開發創意成爲核心競爭力是非常重要的，因此，思考力及創新力成爲企業界的競爭新指標。

微軟用才的重要考量就是創意，其在職員工每年也都要接受一至兩週的創意課程訓練。曾任惠普科技董事長陸普拉特(Lew Platt)強調：企業要能屹立不搖、更上層樓，最重要的關鍵就是企業人員要不斷創新，革自己的命。

日本的夕山英太郎是《富比士雜誌》唯一連續二十年上榜百大富豪的經營奇才，他經常以自己是創意人爲傲並指出：「**如果不能想到別人想不到的創意，在這個時代，是無法賺到什麼錢的。**」

在台灣，憑藉著顚覆傳統的創意行銷，明基電通於二〇〇二年營收突破一千億，擠入一千大製造業排行的前十名。明碁明確揭示「創新是明碁徵才的第一標準」。宏碁董事長施振榮明確宣示：「不換腦袋，就換人。」富邦銀行強調因新銀行轉動甚快，金融業現在要的人才是「能領先同業創新的人」。此外，天下雜誌群徵才的美術編輯及黑松公司招募的行銷人員，必備條件中的第一順位就是「創意」。

顯而易見，「創新」將成爲越來越多公司徵才的重要條件。「不創新，就準備被淘汰」，要找到社會新需求就必須學習思考能力。

所以我提出THINK UP思考法，以提升思考能力。其次，在培養創新能力以開發新需求產品下介紹BE CREATIVE腦力激盪創新技巧，強化創新能力。

體能與腦能（強健力）Energy

擁有再多的能力，沒有健康的身體，一切都是枉然。因爲推動所有能力的基礎就是健康的身體。其次，健康越來越重要的另一個原因是，終身工作時代來臨，因爲人類的人口結構從金字塔轉成倒金字塔。以往，建立在金字塔人口結構思維的制度將會崩解。現行福利、保險、醫療及退休等制度將受到巨大衝擊。爲應付此變局，需要新的生涯規劃。每個人都要爲自己的一生做準備，好好規劃一生的旅程，不要讓自己成爲兒女或社會的負擔。

「終身工作」的主要精神是：❶靠自己過一生。❷持續培養競爭力才會有工作。

要滿足這兩個項目，身體的健康及頭腦的健康是必要條件。因爲身體不健康，無法照顧自己，更遑論能夠工作。

其次，在知識社會中，腦力是重要的競爭力，除了身體健康，維持腦力的青春健康也是重要的競爭力。要有良好的體能，身體健康是必要條件。

同樣的，要有良好的腦能，健康腦是必要條件。日本全國上下正在風行腦力開發。提暢腦力運動最力的川島隆太教授指出，不分任何年齡，只要經由適切的訓練，都可以提升記憶力、創意及耐性等。

口才語言表達能力（表達力）Speak & Languaes

口語表達能力可分爲多種語言能力與口才表達能力兩大類。

●多種語言能力

在國際化浪潮高漲的知識社會，單一語言能力將失去競爭優勢。歐洲國家的人才大多會三種國家語言以上的能力。因教改著名的芬蘭，在九年國民教育後，學生就可以講三種語言：芬蘭語、瑞典語及英語。現在由於中國的興起，華語成爲全球新競爭優勢的語言，因此全球興起華語熱。

●口才表達能力

知識社會中，資訊充斥氾濫，新生的知識不斷推翻舊的系統，「如何有效傳達新知識」也成爲重要的競爭力。因爲有優秀的口才，才能有效地將自己的新觀念、新想法、新知識，傳達給他人；良好的口才與溝通能力是傳播的利器，也是資訊社會中必備的能力。這也是爲什麼在教育、工作及生活上，口才及溝通的重要性急劇增加。

以教育部推動多年的「教學卓越計畫」爲例。教育部希望透過此一計畫提升大學的教學品質。因此在計畫的評鑑中，教師教學的方式與品質受到高度的重視。因爲在教學過程中，老師的口才能力是教學良窳的重要關鍵。

在知識社會中，知識的傳播越來越頻繁，不只老師，大多數的人都需要運用口才與他人溝通，口才不佳者將流失競爭力。

我經常將人比擬成一部電腦，要讓他人能有效率的從電腦中得到知識，這部電腦需要兩個要件：其一、電腦中有著豐富的知識；其二，電腦的螢幕（視訊）及喇叭（聽訊）良好。這兩個要件，缺一不可。

因爲，如果這部電腦不具有豐富的知識，那麼再好的螢幕及喇叭，也無法傳達出有用的知識；同樣，有著豐富知識內涵的電腦，如果沒有配備好的螢幕及喇叭，造成收訊不良，同樣也讓人無法接收良好的知識。

換言之，一個人的口才與表達就是螢幕與喇叭，也就是口語表達能力。一個口才表達很差的人，就如同一部螢幕與喇叭不好的電腦一樣。

掌握趨勢（未來力）Trend

要移民到國外不同的社會，就需要瞭解其社會，學習新社會的文化及所需要的競爭力，才能在新社會中開疆闢土。同樣的，由於社會變遷快速，未來的社會與現在的社會大不相同。然而，不管我們喜不喜歡，我們都會隨著時間移民到新社會。瞭解未來的社會，學習未來社會所需要的競爭力，才能在未來的社會開創未來。

從知識關鍵競爭力談起。首先，知識選擇力指的是選擇知識的能力，進而提出知識競爭力指標（KCI，Knowledge Competition Index）的概念。知識本身是中性的，但知識的競爭力會隨著時代的變遷而轉移。比如，興起於農業社會的台糖，因爲香蕉及甘蔗在農業社會有很高的競爭力，擁有製糖技術的台糖獲利豐碩，然而進入知識社會後，製糖不再具優勢競爭力，於是台糖投入健康、養生及美容及生化科技產品。

由於「知識」已然是「資產」，如同在股市中選擇「績優股」，在知識社會中也要會選擇「績優知識」。芬蘭的國民年所得從原本的一萬八千美金，躍升到兩萬七千美金，就是選擇了具競爭力的知識，再將這些知識融入教育中，培養國民具備這些能力，在OECD評比中連續多年國家競爭力名列全球前茅。

有朋友說：「這八種能力眞的很重要，經你這一提醒，好像在教育體系中，這些競爭力培養的並不多。」我回說：「這就是問題，也因爲沒有培養學生知識社會的競爭力，我國的國民所得才會停滯了約十年。」要再呼籲的是，知道這八種競爭力跟學會這八種競爭力是兩回事。

朋友說：「那是不是教改應該將這些競爭力規劃到教育課程之中？」我告訴他：「你

中計了！你這種思維就是『課程導向』，也就是教改的另一個問題，認爲『課程』等於『能力』。」

想想，英語課程開得夠多了吧？英語能力呢？調查結果，學位越高，能力與其他國家相比越差。鄉土語言課程開設了吧？結果是小孩子的鄉土語言流失越來越厲害。

這就是「課程」等於「能力」的「課程導向」思維惹的禍。在知識社會要調整成「能力導向」，也就是不只規劃課程，更要思考如何在教育的過程中讓學習者學會這些能力。

朋友急著問：「那怎麼學會這八種能力呢？」我回答：「五個字。」朋友說：「哪有這麼簡單，哪五個字？」我說：「請看我的書。」他笑著說：「你還眞會行銷！」

本書提出了如何修練這八種能力的方法與步驟，只要按這些方法進行修練，這八種能力將越來越強。

具備了 MAKE BEST（完美）中的八種能力，在知識社會中才能如郭台銘說的：「開疆闢土眞英雄。」由於是八種能力，思及章魚是8隻爪所以，我稱之爲「章魚型」人。再者，這八個爪不是獨立作戰而是相輔相乘，也因此，章魚的八隻爪才能產生巨大力量。

由於男女都應成爲章魚型人，我才說「章魚哥、章魚妹」時代來臨了。

第 2 章

未來力
與多專力

2-1 未來學（Trend）

人類進入知識社會後，一個人要具備多項專業才能有足夠的競爭力。以大學教授爲例，多年來在持續呼籲多專業時代來臨下，我曾跟不少教授提起應進修第二專長。有些教授停留在工業社會的觀念，認爲大學不會倒，以爲教授是終身職，覺得我的話是危言聳聽。現在教育部已經公布，十一年內可能會倒六十所大學。

其實，不用等到大學倒，近幾年已經有數千名大學教師被停聘了。爲什麼？因爲學生越來越少，對老師的需求自然也越來越低。

此外，由於社會變遷，有些科系從熱門科系變成冷門科系，如化工、教育學程等相關科系等。學校在減聘系所教師前，通常會給教師機會優先轉到其他有缺的科系。其條件就是教師必須具備該科系教學的專業能力。不少教師與我聯絡，感謝我，因爲看了我的書後，開始修習其他專長，學校減聘時，自然能順利轉到其他科系，保住了教師飯碗。

另一個例子是，我擔任國立台北教育大學校長時，在學校開設華語中心。華語師資養成班第一次開課時，就有大學教授來上課。由於該教授是工程專業，當時有記者問教授說：「爲什麼當教授了還來上課？」該教授說：「大學可能會關門，即早準備第二專長。

來上課，是因為，華語將成為世界語言，華語師資將來一定會很缺乏。我本來就是教授，修華語師資學程後，轉教華語比別人更有優勢。」

這位教授的回答，就是本章的重點：先要瞭解社會變遷的趨勢(Trend)，才能掌握並開創未來。而「未來學」就是介紹趨勢變遷的學問。

第三個例子是運動與腦力開發。二〇〇六年，我在《學習已經落伍了—掌握知識管理才是贏家》書中提出運動會開發腦力，並提出「身腦反應人」，分析出身體不同部位的運動，對頭腦刺激的程度。

根據身腦反應的概念，提出不同開發腦力的運動及刺激方式。二〇一〇年，哈佛大學教授曾來台灣推動運動會開發腦力的觀念。又如，二〇〇〇年我在國語日報寫過一篇文章「從雙手萬能到雙腦萬能」，呼籲大家雙手要平衡運用，慣用左手的該多用右手，尤其慣用右手的也該多用用左手。

當時很多朋友問我為什麼？

我的回答是，因為人類已從農業社會進入知識社會，腦力的時代來臨了。左右腦職司不同的功能，左腦管語言、數學、邏輯及文字記憶。右腦則是音樂、藝術、創意及圖像記憶，兩者必須平衡兼顧。這時候我會問朋友：「在農業社會，有創意的人會被認為如何？」朋友大多會笑著說：「異類。」我會再問：「現在的社會沒有創意的會被認爲是什麼？」朋友會回說：「阿達阿達或是口木先生。」這就如同玩牌打拱豬時的「豬羊變色」一樣，創意在以往是不好的能力，現在變成重要的能力。朋友這時候會興奮地說：「我知道了，由於左手刺激右腦，右手刺激左腦。右腦管創意，所以你才會提倡多用左手。」

我多用左手已經十年了。用左手寫字、吃飯及打球。我喜歡打羽球、桌球及網球，兩手都可以打。這十年下來，腦中的創意源源不斷。我常跟朋友說：「我要是更早接觸未來學，更早在二十年前就使用左手，今天一定更強。」

我將未來學(Trend)與多專業(Multiple Expertise)一起討論有兩個原因：首先，瞭解社會如何演遷進入多專業社會。

其次，要進修新的專業時，要怎麼選擇？如果選擇的新專業是未來的夕陽專業，那進修就等於白費了。舉例來說蛋塔曾經紅遍半邊天，有人辭職去學做蛋塔準備開店，沒想到學成後，蛋塔熱潮已過。選擇對的專業之重要性，可見一斑。

2-2 研究未來學的重要

人類從二十世紀末期到進入二十一世紀後，社會瀕臨許多危機與變遷，如環境污染、生態失衡、少子化、人口老化等。這些危機已受世界各國的重視紛紛提出解決方案。但進一步想，這些危機是誰造成的？難道不是人類自己嗎？人類過去因為沒有考慮未來，造成這些危機。所以避免危機是前瞻思考的重要功能之一。

誠如古語云：「宜未雨而綢繆，勿臨渴而掘井」、「人無遠慮，必有近憂」。西方諺語也有云：「一盎斯的預防勝於一磅的治療」。

變遷速度的加快可從社會存續的時間看出。人類社會的演化過程，狩獵社會歷經數十萬年，農業社會近五千年。工業革命後的社會約兩百年。但短短數十年就進入資訊社會，現則已進入知識社會。變遷的多樣性及快速，需要前瞻性的瞭解造成變遷的可能因素，才能「知變應變」。未來學家艾文．托弗勒指出，社會變遷速度過快，將嚴重影響人類以及生活型態。在《未來的震撼》一書中，他指出一個人在太短的時間內，接受太多外界變化，易因適應不良而產生誤導與壓力。他還強調，社會變遷的速度不會因人類的不適而緩慢下來，相反的，變遷的速度將越來越快，若人類不前瞻性地思考未來，準備未來，就會像太空人不穿太空衣就進入太空一樣危險。

有鑑於前瞻性思考瞭解未來的重要，朱文納勒（Jouvenel）創造了Futuribles「可能未來」的概念，意義是根據現況合理地推斷未來的發展。爲推廣「可能未來」觀念，朱文納勒又提出「預測論壇」方式，在「預測論壇」中，集合不同專家，先就專門項目之預測，再進行全面性的推論。朱氏極力提倡「養成向前看的習慣」，他認爲人在養成這種習慣後，對自己及後代都會有很大的助益。一九六七年朱文納勒及其夫人創立了「國際未來協會」，讓未來學成爲國際注目的學問之一。國內淡江大學於四十多年前就率先引進未來學，推動前瞻思考，編纂《明日世界》，成立未來學研究所，並成爲國際未來學會成員。

由於研究未來的重要性與日俱增，獲得許多國家政府的重視。任何政府均要對施行的政策進行規劃，基本上規劃是爲「未來」而設計，從這個觀點看，沒有未來觀的政策規劃是相當危險的。政治上有一句名言：「錯誤的決策，比貪污更可怕。」這些設有未來研究單位的政府，一定深知在這快速變遷的社會中，**沒有前瞻性及未來研究作爲決策之依據，極易產生錯誤的決策**。爲增進規劃政策的品質，瑞典政府的內閣中就設有「未來部」，該部將對未來的研究結果，提供給各部會作爲決定政策之重要參考。此外，美國、法國、南韓甚至印度都在政府決策單位中設有未來研究機構。

2-3 前瞻思考的意涵

二十一世紀是思考的世紀，連要求絕對服從的美國軍方也開始推動「批判性思考」。國內外許多學者都提出思考的方式。如大前研一提出「思考的技術」，筆者於《知識不是力量—培養思考力》提出「CSI」的思考層次及「THINK UP」思考法等。前瞻思考顧名思義，就是思考的方向其主要在分析及判斷未來。

而在《未來學》書中提到的「鑑來知往」的思考模式，剛好與農業社會的「鑑往知來」相反。農業社會，由於變遷較緩慢，下一代幾乎是上一代的翻版，所以用以往當殷鑑，可知曉未來，爲此才能「鑑往知來」。因此，我們經常能聽到「我吃過的鹽比你吃過的米多」、「我過的橋比你走過的路多」等倚老賣老的話。然而，農業社會的過去是看不到工業社會的。同樣的，從工業社會的過去是看不到資訊及知識社會的。

工業社會不同於農業社會，就如同知識社會不同於工業社會。是以，若要進入知識社會，就要會分析判斷出知識社會中的情況及核心競爭力等。進一步及早準備，以便在適應知識社會生活。也就是說，必須以未來社會當殷鑑，進入未來的社會才能因應及調適。

以往，當然有好的事物值得「鑑往知來」，但也有不少跟不上時代的事物，那就要採用「鑑來知往」的方式。賴金男教授指出，由於社會變遷的速度急遽增加，且變遷的方式又與以往大不相同，致使在許多方面，連古老的格言「鑑往知來」、「以不變應萬變」亦逐漸不適用了。既然，從農業社會的過去，看不到工業社會；從工業社會的過去資料看不到資訊社會及知識社會。那要怎麼樣才能探究未來呢？其方法就是，改變思維，運用思考力，從既有的資料去分析判斷可能的未來。四十年前，未來學家艾文．托弗勒在其《未來的衝擊》書中就分析資訊社會的形成，預測成功的事項高達九成。比如，十年前我就著文呼籲知識社會將產生「少子化」現象，除非有其特殊必要性，教育單位應該停止新設各級學校，否則將形成許多蚊子教室及蚊子學校，這將造成國家資源的不當浪費。

如果當初教育單位以未來少子化當殷鑑，就不會有今天的閒置教室及學校了。

最早對未來學及前瞻思考提出概念的集費南（S.C.Giffillan），對未來學者下定義：「研究未來整體文明的人，就像考古學者能將史前文化交互影響層面合理的推論出來」。

梅德夫人（Mead，1901）對未來變遷有深入的研究，她提出的「後形文化」、「共形文化」及「先形文化」等觀念，清楚分析未來變遷的文化現象。「後形文化」（a post-figurative culture），乃指年輕人向年長者學習的文化型態；「共形文化」（a cofigurative culture），則為同輩互相學習的文化型態；「先形文化」（a pre-figurative culture），與後形文化相反，是年長者向年輕人學習的文化型態。

梅德夫人指出，在後形文化中，過去支配現在，在先行文化中則是未來支配現在。她亦提出「時間移民」（an immigrant in time），與「空間移民」（an immigrant in space）的觀念。「空間移民」意指要移民到不同地理座標的新社會，所以要及早準備及瞭解新社會，否則會被淘汰。「時間移民」則強調，要移民到不同時間座標的新社會，當然也要盡早準備及瞭解新社會，要不然也會被淘汰。世界各國的尼特族（註1）越來越多，就是移民到知識社會後，家庭教育及學校教育沒有跟上新社會所造成的。

以學生訴訟權爲例：

二〇一〇年前大學生只有受到退學處分，才有行政訴訟的權利。司法院大法官於二〇一一年一月做出第六八四號解釋，今後大學對學生所作的行政處分或公權力措施，只要侵害學生的教育或其他基本權利，學生都可透過訴願、行政訴訟尋求救濟。

這些情況如：學生被記過、申誡，或是學校的選課要求、禁止在學校張貼海報、拒絕出借場地舉辦演講活動、不准設立社團、收取研究室冷氣費等處分。若大學生在校內申訴後仍不服學校裁定，可經由行政訴訟程序爭取權益。大法官也強調，基於維護大學自治原則，法院審判時，應適度尊重學校的專業判斷。

社會中，任何人的權益受到侵害，當然要有管道可以申訴。是以，學生有訴訟權在歐美先進國家是很正常的事情。然而，爲何我國要等到民國一〇〇年，等到大法官會議解釋後，學生才具備此一權利呢？此與考試院長關中的一席話「公務員不是一般人」有關。早期基於「特別權利」關係理論，將「軍、公、教、學生」視爲不是「一般人」，所以這些人喪失了部分權利。學校對學生做的所有處分，學生都必須服從，沒有訴訟論理的機會。

一直等到民國八十四年大法官做出第三八二號解釋，學生被退學或受到類似處分，學生身分、教育權受到重大影響，可以訴訟救濟。十六年後，六八四號解釋進一步宣示，大學生基本權利受侵害時，行政救濟權不因學生身分受限，且全面開放。這是憲法精神「有權利就有救濟」的實踐落實。

是以，讓學生擁有訴訟權可說是個時代新標竿，讓學校管束學生時，也會更尊重學生的權益。這會提醒學校要訂定更加完善的學生救濟制度。有人會擔心，學生會不會動不動就興訟？其實，這是多慮了，現在不就有申訴管道，學生有沒有濫用申訴權？再者，訴訟權是基本人權，應該要被尊重，學生的權益也應該被維護。學生擁有訴訟權，學校和學生都應該加強法治教育，同時，也可提醒學校在處理學生事務時要更細緻。

註1：尼特族：指不工作，不上學，也不參加職業培訓的年輕人。

2-4 未來學的功能

未來學的主要功能爲消極的避免危機與積極的把握良機。

由於研究前瞻思考會對未來可能發生之狀況加以分析及預測，所以未來若有危機將可避免，反之若有好的機會將可把握。所以我將未來學功能分爲三類：

1. 開創新的學習領域與方法。
2. 預測及避免危機。
3. 創新及把握新機。

開創新的學習領域與方法

- 開發新的研究領域
- 提供思考未來的方法與技巧
- 培養未來觀，迎接終身學習
- 促進對現狀之瞭解與檢討
- 減低思考限囿

未來學本身就是一門新的研究領域，是以開發新的研究領域為未來學功能之一。其次，提供思考未來的方法與技巧，學習思考未來的方法與理論，將有助於對未來之判斷分析能力。另外，終身學習已成為現代教育的新趨勢，培養具未來觀的終身學習態度，將更能提高終身學習的效率。

再者，由於多數人大多依過去的經驗做決策或判斷，但在快速變遷的社會，過去對的，現在未必適用，如台灣的生產事業已從勞力密集轉向高科技服務業，政府部門在預測經濟成長時一定要掌握變遷與現況之發展，不能只依據以往的資訊。

所以，學習未來學將有助於促進對現況之瞭解與檢討。

最後一項的減低思考限囿之功能，《學習革命》一書的作者一再強調，現行的諸多教育方式導致學生限於框框內，縮小了學生的想像空間。由於未來變化萬千，只憑過去的想像不足以面對未來，要探知未來必定要具備超脫既有社會的想像力及開創力。

用以下兩個例子來說明思考被限囿的危險。

十九世紀末期，許多有名的科學家都認為人類要發明飛行機器是不可能的。甚至於當時著名的天文學家紐康普（Simon Newcomb）還以科學家的身分說：「想讓比空氣重的機器飛上天，不但不可行，而且毫不實用。」相反的，當時是修理腳踏車工匠的萊特兄弟，就在紐康普提出其科學觀點後沒幾個月，萊特兄弟便成功試飛，震驚了全世界。

倫敦大學教授迪奧尼西斯·拉多納博士發表對高鐵的觀點是「在鐵軌上高速行駛絕不可能，乘客將不能呼吸，甚至將窒息而死。」這兩個例子現在看起來可能很可笑，但在當時卻得到許多人的支持，這些支持者可能沒有跳脫現實的想像力。

預測及避免危機

- 預測及辨認未來的危機
- 提出可能的解決方案
- 提出預先經驗的方法
- 避免因社會變遷快速，而產生適應不良的危機
- 避免因新科技發明，而產生適應不良之危機

預測及避免危機是前瞻思考的重要功能之一。

知名的石油公司蜆殼(Shell)石油公司，該公司在芬蘭的分公司早在一九六〇年發生石油危機的前十年，就精確預測出一九七〇年會有石油危機。再經由審慎研究提出可能的解

決方案後，讓蜆殼公司成爲一九七〇年後全世界七大石油公司中獲利最豐的公司。

另一個與民生有關的例子。台北市在近幾年有好幾次嚴重缺水。這讓許多人重新思考翡翠水庫之興建。當年興建翡翠谷水庫時，有不少人反對。主要原因之一就是當時台北市市民對自來水的需求量並不如現在高。

然而，當時的台北市政府已觀察出台北未來人口的增加及自來水的需求，瞭解如果沒有興建水庫，台北市民將來的飲用水將出現危機。想想，興建翡翠水庫後都還時有嚴重缺水，如果當時未能興建，其嚴重後果可想而知。

創新及把握新機

- 預測及辨認未來社會的新機會
- 提出可能把握新機會方案
- 分析並掌握新機會的生命週期

研究未來學，當然會瞭解各種推測未來的理論與方法，自然會提高想像力。其次，爲了滿足社會變遷與新需求，掌握新機會，將啓發創新與發明。

如資訊社會開始後，過去以人工來計算與資料處理的方式，改以電腦來處理，這創造了電腦業者的新機會，ＩＢＭ（International Business Machine）掌握了這個新機，成爲全球最大電腦商，被稱爲「藍色巨人」，而後個人電腦（Personal computer）逐漸興起。ＩＢＭ是製造大電腦起家，並不看好個人電腦普及的新趨勢，所以未能長握這個重大的新機會。這個絕佳的機會被比爾．蓋茲看到了，遂開創微軟公司（Microsoft）掌握新機，這讓比爾．蓋茲成爲多年的世界首富。

另外，台灣加入ＷＴＯ後，農產品獲利下降。身爲農業縣的屏東圖思解決之道。縣政府發現文化觀光產業將成知識社會新趨勢，遂將農漁業與文化創意產業結合，開發了「鮪魚季」、「風鈴季」及「春吶」等觀光文化活動。這讓屏東縣的觀光收入大增，曾成爲台灣第一觀光收入大縣。

由於研究未來的重要性與日俱增，獲得許多國家的政府重視。任何政府均要對施行的政策進行規劃，基本上規劃是爲「未來」而設計，從這個觀點看，沒有未來觀的政策規劃是相當危險的。這些設有未來研究單位的政府一定深知在這快速變遷的社會中，「沒有前瞻性及未來研究作爲決策之依據，極易產生錯誤的決策」。

美國羅斯福總統在一九三〇年代遇到經濟大蕭條，推出新政，擴大公共內需，讓美國走出艱難的歲月，爾後還鋪下美國成爲世界強權的基礎。

同樣的，政府遇到此波金融海嘯，也提出了擴大內需的方案，只是成效似乎未如預期，其實，這就是未來變遷所造成的。當年，羅斯福提出擴大內需的公共建設時，美國當時的條件是，勞工、技術工人加農民約七○%，所以以基礎建設爲主的擴大內需，對失業的勞工產生相當大的幫助。但是現在台灣的情況是，六○%是服務業、白領。

這些基礎建設所需要的人力，在目前台灣的相對需求不高。再者，由於台灣加入WTO兩億以上的公共工程都要讓全球的公司參與開標。外國公司若得標，亦可能採用外勞，這又降低了本國勞工就業機會。

所以採用工業社會「擴大內需」的策略，已不易有良好的經濟成效。

2-5 未來預演法

科學知識加想像的預測法

克拉克（Arthur Charles Clarke）是著名的科幻小說家。在一九四五年，專業人員都認爲電波是直線進行，由於地球是圓形，所以無線電波之傳輸有其限制，無法傳播全球，克拉克卻率先提出，用人造衛星把無線電波傳到全世界各地的先進想法。

克氏認爲要作一個好預測家，並不一定要是一個懂得最多的人，需要的是對科學的認知，再與各種可能的想像結合起來。

由於有理性的科學當作基礎，再加上無限的想像空間，遂能從各種想像中，推理出未來可能之畫面。所以，克拉克於一九四五年以豐富的想像，提出解決無線電波直行限制的方法，即以三顆人造衛星作爲中間傳遞站，就可將電波傳送到整個地球。

克拉克將此想法發表於《無線電世界》雜誌（Wireless World），現在世界的傳播方式即爲克拉克當年的想像傳播方法。

台灣進入工業社會後，蔣經國前總統推動十大建設，雖然在當時受到不少挑戰與批評。然而，這就是科學知識結合想像的結果。

工業社會的需求與農業社會當然不同。當年蔣經國先生就是想像到在工業社會中，台灣要有競爭力，一定要將基礎建設做好，讓國家進入工業化國家。

同樣的，人類進入資訊社會後，李國鼎先生著手規劃新竹科學園區，引進資訊科技產業。如果不是當年這些前瞻性的想像及規劃，台灣不可能在李登輝前總統主政時，被喻為「世界經濟奇蹟」。

劇情描繪法

劇情描繪是一般人最容易開始學習的推斷未來方法之一，因為順著劇情推下去，較有一定的軌跡可尋。

比如，世界競爭力已轉變到腦力競爭的時代。為提升國民腦力競爭力，世界諸多國家大力推動教育改革。任何一個國家的教育改革如果進度不佳或方向錯誤，將會影響個人及國家競爭力。因此，假設以下劇情。

- 知識社會競爭力有別於工業社會。
- 教育方式停留在工業社會將會造成畢業生失去競爭力。

- 畢業生薪水下降。
- 尼特族逐漸增加。
- 國家競爭力逐漸衰退。
- 貿易逆差加大，外匯存底減少。
- 經濟開始蕭條，失業率提高。
- 政府稅收減少，教育經費不足，造成教育品質低落的惡性循環。

劇情描繪用於政府決策方面之評估，在消極方面，有助於決策者對錯誤決策的警惕。在積極方面，可預測出政策影響之遠景幫助政策之推動。劇情描繪要注意的是，必須擺脫過去的束縛，盡量思考各種可能，以免掉入過去的窠臼。可以「如果當年沒有實施九年國教」爲例，進行劇情描繪。大家可以盡情發揮想像力。

未來輪（網）

未來輪是劇情描述法的擴大，劇情描述法是一個步驟一個步驟進行推測，但是只能推測一個主要方向。未來輪則是在每一個步驟都可推測多樣未來事項，所以會形成很複雜的網狀。以下的例子，以少子化向下推測，如左圖，其中少子化對人口減少的影響約在十年後開始顯現。經建會預估，台灣在民國一九五年人口會從現在的二千三百萬減少到八百萬。

其中，更高的教育要求將可能會產生以下需求：

- 全腦開發。
- 聰明午餐。
- 父母執照。
- 效率學習。
- 培養知識社會競爭力等。

由於前瞻思考的重要與日俱增，國內已有大學設立未來研究所，美國甚至在其小學及中學都開設未來學之課程。相信將來教育部門對未來學的重視會如同電腦一樣。屆時認知未來或稱未來素養（Future Literarcy）可能就如同認知電腦或稱電腦素養（Computer Literarcy）一樣，成爲教育中的必修課程，以此爲基礎，培養人民的未來力。

因少子化所衍生的各種問題

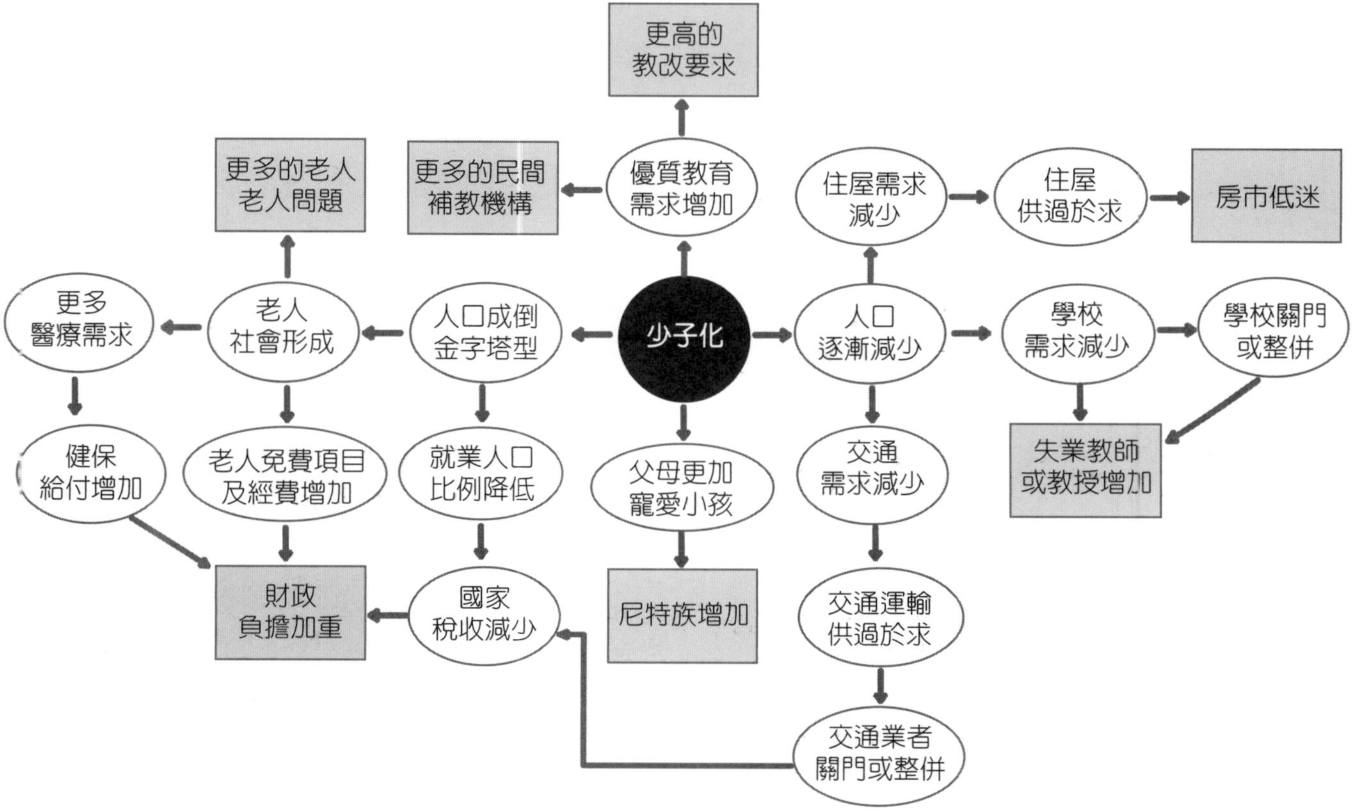

2-6 影響未來的三個數學圖形

具備未來力有多重要？經常有人問我：「未來社會遭遇到什麼樣的問題？」我會回答：「未來社會將被三個數學圖形所衝擊：❶高跟鞋型。❷倒三角型。❸ㄟ型。」

有人會再問：「爲什麼這三個圖形會衝擊未來社會？」

我回說：「大前研一不是用M型社會來形容新社會的狀態嗎？」因爲人類對圖像的感受及靈敏度相當高，用圖形表達也最爲簡單明瞭。M型傳達的訊息就是中間塌下走向兩邊，代表社會財富兩極化，也就是貧者愈貧，富者愈富的兩極化社會。

於此提出的三個圖形，傳達對社會不同的衝擊面相。這三個圖形都是因爲人類進入了知識社會，在知識社會中，會產生兩個主要改變社會的因子。

其一，知識差距。其二，少子化。第一個變遷因子造成高跟鞋型社會，倒三角型及ㄟ型則由第二個變遷因子造成。

高跟鞋型社會

大前研一指出，整個社會的財富分配可分成三塊，左邊的窮人變多，右邊的富人也變多中間這塊，忽然陷下去，然後不見了。這型態跟「M」的字型一樣，所以稱爲M型社會。然而，如果根據這種說法，要形成「M型社會」的條件，應該在中產階級中有一半移至富有，一半移至貧窮才對。

可是根據大前的統計，去年日本已有八成人口，淪入中低收入階層。我在《知識不是力量》中提出「高跟鞋型社會」此說，亦即富有的人是少數，其餘人們的收入就像高跟鞋的斜率一樣快速下滑。

高跟鞋型社會除了顯示貧富差距擴大之外，也顯示了落在貧窮區的人大幅增加。

以美國爲例，美國在一九七〇年代，企業的執行長（總經理）薪水約一般員工的十五～二十倍。一九九〇年代就增加到一五〇～三五〇倍。現在更是超過五百倍，此現象會帶動相關高階經理人的薪資大幅提升，讓公司的薪資所得集中到少數人身上。

當然，執行長是獲得最多財富的，可以比喻成高跟鞋的跟。其他人的所得，除了少數高階經理人之外，快速下滑。

台灣的情況也是如此。在高跟鞋型社會，要讓自己進入高跟鞋的前端鞋跟區，否則就很容易掉入貧窮區。然而，要如何進入鞋跟區？就是要擁有知識社會的競爭力，也就是本書提到的八個核心能力。

倒金字塔型社會

少子化從民國九十年就開始呈現，而後生育率一年一年下降。民國九十九年政府公布總生育率跌破一%，且人口總數從原預估的一一五年提前到一一二年開始負成長。

有朋友問：「少子化就是少些小孩，會造成什麼社會危機？」

我回答：「危機可大了，國家財政會因崩盤，健保及退休制度將會崩解。」

朋友再問：「果眞是社會危機，爲什麼會這樣？」

我回朋友說：「簡單的數學圖形問題。少子化產生兩個重要現象，其一就是人口結構圖將從金字塔轉變成倒金字塔。」

要知道任何社會福利制度，如健保或是退休制度要能延續，必須建立在金字塔的人口結構，也就是多數人繳稅養少數退休的人。台灣人口結構在一九五一年時，六十五歲以上老人占二・五%當時約三二・七個人養一位老人。到了二〇〇八年六十五歲以上占一〇・二%，約六・九人養一位老人，到了二〇一四年將是約三・五個人養一位老人。

日本因爲人口老化，現在的國家財政赤字已高達兩年的國家GDP，所以被許多財經部門評爲財政危險國家，就是因爲人口老化，工作的人減少，要養的老人增加所致。我國財政近年來快速惡化，人口老化正是主因之一。

朋友說：「今年出生率跌破一％，那情況不是惡化得更快？怎麼辦？」

我回說：「情況的嚴峻超乎我們的想像。原本估計二〇五一年，約一．五個人養一個老人的時代將提早來臨。」

㇏型社會

少子化的第二個影響：㇏型社會形成。也就是，人口總數從現在到民國一一一年會微幅上升，然後，從一一二年後會以較快的速度減少。經建會公布的二〇九五年台灣人口將只剩下八百萬的日子也會提早來臨。屆時，國家稅收將巨額短收，各級學校的數目將僅存不到現在的三分之一，公共運輸系統及公共建築物的維持與維護將出現重大危機。

面臨知識社會的重大變局，需要新的生涯規劃。我國現在平均壽命約七十八歲。從九〇～九六年平均退休年齡約為五十五歲。也就是說，退休後要準備好二十三年的生活費用。如果未來勞保、健保不再有保障，那麼退休後的生活費加上醫療費用更是沉重負擔。

有朋友問說：「現在指望『養兒防老』已不太可能，寄望政府照顧又可能落空，看來，將來就要靠自己工作養自己了？」沒錯，所以要持續培養社會所需的專長，才能維持工作競爭力。這讓人深深感受到，多專業時代來臨了。

2-7 認識多專力

滾動式多專業技能

有了多專業的概念後，接著要提出「知識競爭力」的觀念。「知識」本身是中性的，沒有高低貴賤。但是知識的競爭力會隨著時代的變遷而轉變。

比如，華語的重要性越來越高，在網路上已成爲全球使用最多的語言，所以懂華語的競爭力提高，跨國企業進駐大陸的主管，會華語的很吃香。

又如，在工業社會時，皮膚科醫師不熱門，在知識社會下，平均壽命持續提高。美容整型成爲大熱門，皮膚科醫師身價大幅提高。反之是婦產科，在工業社會婦產科是熱門產業，然而進入知識社會後，由於少子化之故，將成爲冷門產業。

在工業社會中，會電腦並不那麼重要，當時，淡江大學是全國第一所大學規定「電腦導論」爲全校共同必修課的學校。進入資訊社會後，政府推動IT產業成立科學園區。淡江大學校長及同仁參觀科學園區時，發現在高科技公司中，許多秘書都是淡江大學英文系或是中文系畢業的。由於當時科學園區的薪資很高，要被聘任並不容易。於是校長問這些秘書，爲什麼可以在應徵時脫穎而出？他們都高興地說：「因爲我們有兩個專業。一個是我們的語文專業，另一個是電腦文書處理。」這些校友笑著說：「當年修這些電腦課程時，心中暗暗罵學校，我們學文學的，幹嘛要我們修電腦課程，眞是太超過。沒想到，就業應徵時，竟然成爲受聘的關鍵，眞的要感謝學校的前瞻眼光。」

這是具備了既有專業加上趨勢專業（兩個專業）打敗一個專業的例子。

「知識競爭力」會隨著社會變遷而改變。因此，要學習新專業，分析哪些專業是未來具有高度「知識競爭力」。由於高競爭力專業會隨著時代變動，故在此提出「滾動式多專業」概念。就是要隨著時間調整，且需要持續學習新專業。

我經常受邀去保險相關企業演講，常問聽衆：「保險業者需要什麼專長？口才和保險實務是早期的答案，以後投資理財慢慢成爲另一個答案。」

有朋友問：「投資理財是銀行的業務，爲什麼保險業務人員要會投資理財？」

我回答：「保險就是分散風險，台灣的保險公司將此概念擴大，就是『不將所有雞蛋放在一個籃子』的投資策略以避風險，所以台灣的保險公司得經營如同銀行的諸多業務。

隨著業務範圍的擴張，當然保險業者應該具備投資理財的專業。現在，還要增加另一個專業，生涯規劃。因爲人一旦失業那不僅無法投資理財，更可能交不出保費。」

由此可知，具備生涯規劃能力的保險業者，可提供顧客生涯規劃的諮詢，提高對顧客的吸引力。朋友回說：「我知道了，保險業從原本的保險專業，更要滾動至增加投資理財及生涯規劃，共三項專業。」

以我自己為例，我從原本讀成大環境工程，畢業到美國俄亥俄大學修數學電腦碩士，之後再到路易絲安娜大學修電腦博士。由於當時覺得經濟領域很重要，便修了經濟輔系學分。回國後，由於淡江大學很注重「未來化」、「國際化」、「資訊化」並鼓勵老師開發新專業，所以開發了「未來學」、「資訊法規」、「神奇的語言學習法」等領域及著作。《神奇的語言學習法》一書獲得到行政院新聞局優良圖書之推薦。宏基文教基金會開設第一個多專業的獎項，中華資訊學會推薦我參加。由於當時我有六個專業，我獲得了該獎項。而後，持續開發新的課程如下：「生涯規劃」、「生死學」、「兩性關係」、「口才學」、「知識管理」、「創意思考」、「著作權」、「行銷管理」、「公共關係及危機處理」、「正向人生」、「品格教育」、「化壓力為助力」、「文化創意產業」、「幼兒潛能開發」。

掌握趨勢產業

滾動式多專業隨著社會變遷需求而調整。

有家長常問我：「小孩進大學要選擇哪個科系比較好？」我回說收集一下近十年全國五百大企業就可找到線索。家長再問：「爲什麼要近十年的資料，看這兩年不就夠了？」我回家長說：「近兩年只能看到當下，有些企業當下還不錯，但已正在衰退。有些企業當下業績差強人意，但正在成長。收集十年或時間更長的資料，可以看出產業的趨勢。看出趨勢後，就可以選擇未來有發展性的產業。比如，心理系在工業社會並不熱門，現在成爲熱門科系。生物系以往也是冷門，但是加入生化的教師群後，生化成爲熱門科系。」

淡江大學是全國第一所大學開設電腦系的大學。當時系名是「電子計算機學系」。剛開始幾屆入學分數不高，因爲當時瞭解電腦的人很少，屬於冷門科系。甚至在我擔任系主任期間，有家長埋怨，這種系不是在坑人嗎？一個小小的電子計算機爲什麼要學四年？普遍家長誤以爲電腦系是在學電子計算機而已。所以我在任內將其改名爲資訊工程系。結果，當年前幾屆的學生，因爲掌握了產業的趨勢，幾乎各個鴻圖大展。

我當年選擇讀成大環境工程也是判斷環境工程是未來趨勢產業。我入學時就是成大環境工程系的第一屆，其前身是成大土木系衛生工程組。當年，當環境問題未受到重視，對環境工程瞭解的人不多，還有人問我環工是在研究掃廁所嗎？現在，環境工程及綠能都是主流產業，所以我經常注意產業的變動，除了從前五百大分析外，也可以從演講熱門講題來分析。各界經常會舉辦各種演講，演講最夯最受歡迎的主題，與其相關的產業或專業即可能是趨勢產業。比如，當年台大開設「死亡學」造成震撼與迴響，我就選擇「生死學」爲下一個專業，並投入研究。研究後發現，知識社會裡，許多人對死亡的觀點有所改變，生前契約及以往忌諱的各種身後事安排，已經都能坦然正面地看待。

生前契約及往生相關產業的產值高達幾千億，於是我積極推動生命與生死相關學程，在高雄空中大學擔任校長時，與南華大學在高雄空中大學合開「生死學」課程。萬安生命機構曾請我擔任顧問，不少機構邀請我教授殯葬禮儀師證照的課程。在倒金字塔型之下，老年人口相對越來越多，老人安養及健康照顧將是熱門產業，所以南開科技大學成立，銀髮福址科技與照顧與相關系所，並列爲學校重點方向。

選填志願的參考資訊

- 參考近年來各大學的新設系所（教育部應整理提供）。
- 各大學爲了招生，會淘汰較老舊系所，開設具吸引力的及競爭力系所。
- 參考聯招入學的熱門系所。
- 五百大企業之轉變。

- 參考政府部門對未來產業的分析。
- 學習未來學。

個人之外，企業及國家都應選擇其所要發展的產業方向。首先，一個有前瞻性的產業政策不僅要考量自己國家的特性，也要考量全球的產業趨勢。

未來學家將全球產業分爲四級產業：第一產業爲農業文明開始的農林漁牧業；第二產業爲工業文明中的製造業；第三產業爲屬物理性服務的服務業，如交通服務、保全公司等；第四產業則爲以知識、藝術爲主的服務業，如教育、文化、資訊及觀光等產業。

在農業社會，農業的產值當然占國家產值之最，同樣的，在工業社會，工業產值必然拔國家總產值之頭籌。

以美國爲例，美國進入工業社會後，從事農業的人口僅占原農業人口的五％，大部分的產值都被工業所奪走。石油、汽車及鋼鐵等企業成爲工業社會主流產業。進入資訊社會後，資訊相關產業成爲最大產值產業。

台灣亦拜資訊產業之賜，賺取不少外匯。新竹市更是一躍成爲我國國民平均所得第二高的都市。IBM及微軟成爲世界資訊大企業。進入知識社會後，快速及便利取得知識的產業如Yahoo、Google、Iphone，以及知識社群如Facebook、twitter成爲主流產業。此外，文化、創意、精緻服務及生態觀光亦是蔚爲風尙。

未來學應用在產業方面有兩種型態：開創型與提升型。

開創型就是掌握趨勢開創新型產業。如台塑集團決定設立南亞科技就是在當時看到了IC產業是趨勢產業。Uniqo柳井正會成爲日本首富就是看到了高跟鞋型社會，大多數人收入平平，所以平價且有品牌的商品會成爲大宗消費。

山寨機及山寨版大爲流行也是拜高跟鞋社會之賜，因爲，大部分消費者的消費能力分布在平價區。此外，生前契約則是拜知識社會形成之賜。

知識社會形成後，養兒防老的觀念開始轉變，每個人都要爲自己的人生負責，包括退休後如何走到人生的終點，爲此產生了數千億的商機。而台塑養生村的成立更是看到老人社會形成的趨勢。

提升型則是將初級或夕陽產業，提升成趨勢產業。如鬱金香原本是初級的農產品，荷蘭成功的將鬱金香提升成四級產業。台灣的蝴蝶蘭則是另一個成功的例子。

台灣的香蕉曾經是風光的初級產業，爲台灣帶來巨額的外匯收入，曾幾何時，初級產業的香蕉沒落了，政府部門應該要思考，如何將初級的香蕉產業提升到四級產業，尤其香蕉與台灣人走過共同的光榮歷史意義更是重大。

桐花祭就是另一個成功的提升型例子。很多人以為桐花是初級產業，其實不然，桐花是二級產業。從工業社會開始受到重視，客家人取油桐籽榨油，用以防鏽；用油桐木來做家具、作火柴。在經濟價值蛻變、國人經濟轉型後，油桐木經濟價值不再。

行政院客委會當時掌握了四級產業的趨勢，設定讓桐花從初級產業躍升至四級產業。並訂定桐花祭的遠景：「提升產業、深耕文化、促進觀光、活化客庄」。

《桐花藍海——一朵桐花創造百億商機的傳奇》，對桐花祭的開發有著傳神的描繪。

台灣的四大願景

另一個瞭解未來產業的管道就是政府部門，如前所述，許多國家的政府都設有未來部門，研究探討未來的產業方向。我國政府部門亦不落人後，提出二〇一五年台灣產業發展願景計劃。計劃之推動則進行以下兩項策略。

首先，邀請國內四十六位專家對未來趨勢做深度訪談，請受訪者描述十年後理想社會或生活環境之願景、台灣達到此一願景的重要方法、全球趨勢等會影響台灣的發展。受訪者則列出在環境趨勢的挑戰下，台灣的優勢為何？適宜發展哪些產業？政府應強化哪些層面與做為方能使台灣朝理想邁進？這是政府部門首度大規模延請專家進行未來趨勢分析。

其次，爲擴大意見基礎，針對五百大製造業決策主管、五百大服務業與金融業專業經理人、千餘位政府決策官員、民意代表、專業人士、青年意見領袖、學術與研發單位資深研究人員、弱勢團體代表與其他非營利組織負責人等非產業界人士，以及在台外籍主管發出問卷，高度的集思廣義，提出了台灣產業發展的四大願景：

●全球資源整合者（Hub of International Network）

透過對全球產業網路的掌握與整合，快速因應變化迅速的消費需求，建立產業先進者的競爭優勢，並透過整合性服務的提供，使台灣成爲特定服務的提供者，讓本地產業具有強大國際優勢。

●產業技術領導者（Value Initiator and Champion）

透過在特定領域創新科技革命性的突破，掌握相關規格和專利，使台灣能在產業價值鏈前端，占有舉足輕重的影響地位，引領、甚至創造產業鏈的整體性創新。

●軟性經濟創意者（Innovator of Soft Economy）

藉由非實體製造，如設計、內容或服務等方式的驅動，或無形資產的突破，將既有產業進行質變，並帶動其他周邊產業與服務之發展，使文化與創意等軟性經濟成爲經濟成長的主要動力。

●生活型態先驅者（Pioneer of New Life Style）

順應台灣自然或人文環境需求，產生特殊的產品或服務，以引起其他地區居民的興趣與共鳴；或透過獨特生活風格與步調的營造，打動人心深處渴望，令人不遠千里前來，成爲「體驗經濟」的源頭。

這四個未來願景埋藏著無窮的未來機會。資源整合者要具備關鍵的技術、以及軟性創意智財。生活型態的整合，更有助於開創新營運或服務模式，成爲軟性創意與全球整合的基礎。

以生活型態的先驅者爲例，台灣的健保舉世聞名，再加上天然生態豐富，可以發展成旅遊醫療中心。

此外，也可以將退休的觀念改變，讓退休族成爲二春族。也就是進入人生的第二個春天。由於醫療及生活品質的提升，現代人平均年齡持續提高，健康狀態也比以前好，將六十五歲視爲老年的觀念已經落伍。

工業社會各國平均壽命六十～六十五歲所以，五十五～六十歲退休，約5年時間休養晚年，這是社會所能承擔的。但現在的社會平均壽命將會在八十～八十五之間，五十五～

六十歲退休，國家無法承擔。因此，許多先進國家都已將退休延至七十～七十五歲。

丹麥則是根據平均壽命的增加，自動調整延後退休年齡。應重新定義老年，如果新的人生型態將老人定為七十五歲。那現在平均六十歲退休的工作型態，就可調整成七十五歲退休。整個國家將立刻增加六十～七十五歲的工作人力。

這些還身強力壯的族群，還擁有豐富的人生歷練及知識，一定可以開發人生的「第二春」，稱之為「二春族」。

由於「二春族」的人口比例占總人口數相當高，若能善加引導開發，將創造無數的工作機會及商機。

第 3 章

容挫力
與強健力

3-1 逆境商數AQ

如同EQ(Emotional Quotient)在資訊社會受到重視，AQ(Adversity Quotient)逆境商數，在知識社會中逐漸受到重視。AQ(Adversity Quotient)逆境商數，遭遇到逆境的處理能力，稱之爲「容挫力」。AQ高的人沒有時間埋怨，因爲解決問題的時間都嫌不夠。AQ低的人，則是怨東怨西，一切都是別人的錯。結果，由於將時間花在怪別人，認爲自己都沒有錯，所以本身的缺失就很難改進，造成惡性循環。然而，爲什麼現在社會，遭遇挫折的機會越來越多呢?原因就在知識社會變遷太快，競爭加遽，遇挫折的機會自然增高。容挫能力不夠的人，很容易在遭到挫折就一蹶不振。如尼特族中有不少是因爲工作不順遂，就回家吃老爸老媽。所以培養AQ日趨重要，但如何培養呢?首先，要瞭解容挫力不是單一的能力，而是組合能力。包括Positive Thinking、EQ、開闊的胸襟、堅強的意志及強健力等。接下來我將針對AQ與強健力做說明。

正面樂觀的態度

調整自己的人生觀，讓光明及正面的觀點進入自己的腦中。正面樂觀的態度不僅會影響自己，還會產生光熱，提升人際關係。比如以下故事，有一位失意的年輕畫家，在飽受各種挫折後，好不容易有了一份工作。由於薪資不高，他住在廢棄的車庫裡。居住環境已經不良，每到深夜，還常常聽到一隻小老鼠吱吱的叫聲。一般人遇到這種情況，一定覺得屋漏偏逢連夜雨，想好好睡個覺，還要被老鼠吵。這還不打緊，日子久了，小老鼠竟爬上他的畫板玩耍。這時候，大多數人會想辦法將老鼠解決掉。這位仁兄，卻想到自己遭遇這麼差，而發生同理心，也就容忍了小老鼠，後來甚至產生與牠共同生活的樂趣。

而後，畫家被介紹到好萊塢去創作動物的卡通片。由於以往並沒有類似的作品，所以他的創作進度頗為緩慢，經常竭盡腦汁仍一無所獲。突然，在一個深夜裡，他腦中閃過那隻與他共同生活的小老鼠，在畫板上跳舞的景象。由於這偶然的靈光一閃，他創造出風靡全球的卡通人物米老鼠，這位年輕的畫家就是世界知名的華德·迪士尼。後來，迪士尼不僅成為這卡通界的翹楚，迪士尼樂園更成為全球人士一生旅遊必玩的勝地。有朋友聽到這個故事後說：「原來，華德·迪士尼的成功的關鍵，是一隻小老鼠。」我說：「錯了，成功的關鍵是他正面樂觀的態度。」

愛迪生也是一樣，在他的發明工廠被大火付之一炬之後，他兒子嘆道：「許多的研究成果都被燒掉了，太可惜了！」愛迪生說：「這樣也好，有些老舊的設備想換卻不捨得換，現在剛好可以建個新工廠。」之後，沒過多久，他就發明電燈了。愛迪生的正面思考有如燈泡的光亮，帶人們走入一片光亮的世界。

寬廣包容的胸襟

人與人相處，不可能事事如自己的意。計較，會帶來憤怒與不悅；包容，讓人心境昇華。試舉一例，清朝的張廷玉是安徽桐城人，他素來注重修身養性，頗得他人尊重，他也非常孝敬父母。在朝廷任宰相時，他把母親安頓在家鄉並經常回家探望。有一次，張廷玉回家看望母親時，發現自家房屋老舊破敗，於是決定改建房屋，之後又回到了京城。

他家的鄰居一位姓葉的侍郎也打算擴建房屋，並想利用兩家中間的一塊地方。張家也想利用那塊地方做迴廊，兩家於是爭執起來，幾次險些動武，雙方各恃後台，互不相讓。張母一怒之下，寫信給張廷玉，讓他趕快回來處理此事。張廷玉看罷來信。不但沒有動怒，認爲對方太歲爺頭上動土，反而提筆寫下一首短詩：「千里捎書只爲牆，再讓三尺又何妨？萬里長城今猶在，不見當年秦始皇。」封好後派人迅速送回家。

張母本以爲當宰相的兒子會爲自己撐腰，看完信後，頓時恍然大悟，爲了三尺地既傷了多年友好的兩家和氣，又氣壞了自己的身體，想想實在是不值，都是心胸太狹窄惹的禍。因此，張母立即主動把牆退後三尺。鄰居見狀，也覺得不好意思，跟著把牆讓後三尺。如此一來，原本兩家爭奪的三尺地反而成了一條六尺寬的巷子。當地人紛紛傳頌此事，引爲美談，並且給這條巷子取了一個特別的名字——「六尺巷」。

又如，在巴勒斯坦有兩座湖，這兩座湖給人的感覺完全不同。其中一座名叫加里勒亞湖，水質清澈潔淨，可供人飲用。湖裡生氣蓬勃，魚兒游來游去。另一座湖毫無生物，一片死寂，它就是知名的死海。讓人好奇的是，這兩座湖的水卻都來自同一條河。唯一不同的是，加里勒亞湖不僅接受也付出，而死海則只接受。因此，不要認爲包容是吃虧，包容會讓我們在精神上更富有。

我在《驚豔台灣》一書中指出，台灣原本位於海底，因爲板塊運動的擠壓而浮出水面。台灣浮出水面後，亦曾再度沉入海面下。總共浮上來四次、沉下去三次，第四次浮出水面約是三百萬年前。然而，台灣大多的物種都超過千萬年甚至幾億年。這些物種都不是台灣的物種，都是冰河時期從北方逃難到台灣的。如台灣的國寶魚「櫻花鉤吻鮭」，就是冰河時期從日本逃難到台灣的。三百萬年前浮出水面的年輕台灣，原本物種相當貧瘠。

台灣今天成爲世界生態大國，就是包容了這三百萬年間，在四次冰河時期，全球逃難的生物。因此讓台灣從黑白的土石枯島，變成彩色繽紛的蓬萊仙島。從這裡我們應該學到包容是雙贏。綜言之，包容，讓生命多彩多姿，讓人生更富有。

永不屈撓的精神

德川家康引述過一句名言：「跌倒了不要隨便爬起來」。這句話的意思是跌倒了，是不愉快的事，但是既然發生了，不要只顧怨嘆，也可以看看有沒有東西可以撿，搞不好因爲跌倒而撿到寶。

試舉一個發生在台灣的例子。有一位學生，父親經商失敗後，欠了一大筆債務，家境陷入窮困，他媽媽非常瞧不起自己的丈夫，離婚棄家走人。悲哀的是，他姊姊也瞧不起爸爸，也接著離家出走，家中剩父子倆相依爲命。

父親經商失敗後，爲了償還大筆債務，房子都被查封拍賣了。他的工作是開計程車，由於買不起車子，就跟車行租車。偏偏遇到長期的不景氣，常常招不到客人。最慘的時候，曾經跑一天車下來，繳錢給車行後，剩下十塊錢坐公車回家，連飯都沒得吃。

這個孩子，由於家境困頓，當年考上末段班的高工。他卻沒有因家庭狀況而氣餒，相反地，他很認眞求學。當同學討論哪裡好玩、好吃，他都默默聽著一聲不吭，因爲他沒有錢，也不想揮霍他的青春。雖然家境貧窮，他仍保有一顆善良的心，社區的義工、醫院的志工……他都當過，證書獎狀可以裝成一本厚厚的書。

四年前，他從該高工畢業，應屆考上台科大高分子工程系，父親知道他考上台科大後，一方面十分高興，另一方面也很擔憂，因爲繳不出學費。父親很難過地告訴孩子，如果要念書只能自己想辦法。

他沒有任何埋怨，就這樣，四年大學期間，他從沒跟父親要過一毛錢。每學期他都拚命打工，支付自己的學費跟生活費。有時候，還拿錢給爸爸補貼家用。因此，大學生涯中，他犧牲了無數的玩樂，沒辦法像一般大學生一樣逛街、購物、旅遊及吃美食等。

四年後，他跨組考研究所，成了台科大自控所的榜首，同時還考上台大機械所。研究所需要找指導教授，台大機械所的教授對收學生相當嚴格。研究生一起去找教授，教授問每位考進來的學生讀什麼高中、什麼大學畢業？每個不是建中、台大、交大，就是竹中、清大，輪到他，他很坦然地說：「台科大。」教授說：「什麼高中畢業？」他回答：「ＸＸ高工。」教授頗爲訝異地看著他，後來，教授跟他說：「好，你進來。」找完教授，他打電話給正在開計程車的爸爸，告訴爸爸，他考上台大研究所了，要父親勇敢活下去。他父親接完電話，當場熱淚盈眶，激動得無法再載客人，邊擦著眼淚，開著車直奔家門。

回家後，他父親打電話給孩子的高中導師，一邊講電話、一邊哭。他很愧疚地說，四年來，自己沒給過這孩子一毛錢，他不是不想給，是還有負債未了，根本給不起。尤其，當老婆跟女兒棄他而去之後，若非這兒子堅定地在他身邊，不畏艱困的環境，勇敢地爲自己和爸爸而奮鬥，他早就沒有活下去的勇氣了。這孩子「永不屈撓的精神」，開創自己的前途，也救了父親，讓父親重獲新生。

我的好友沙鷗董事長傅大川是另一個例子。他當預官的時候，不知爲什麼得了怪病，從原本的身強力壯到怪病纏身，由於吃的藥物內含類固醇，造成掉頭髮及肌肉裂解。醫院從南到北不知轉了多少間，就是治不好。我相當爲他擔心，每個星期都會想辦法去看他，希望能安慰他。結果他每次都自信滿滿地跟我說：「我一定會好起來。而且因爲得了這個病，所以開始研究相關症狀，現在是久病成良醫。」

每次要離開病房時，他都會跟我說：「我不會屈服在這怪病下，被它打敗，我一定會打敗它。」經過了一年多與怪病的纏鬥，他成功了。

退伍後，他成立沙鷗公司，創業維艱，由於沒有經商的經驗，曾經虧損累累，到處調錢，我也是調錢的對象之一。有一次我跟他說，如果經營實在太困難，要不要考慮轉業？

他跟我說：「哪一個行業不會遇到困難？成功的企業就是那些克服困難的企業。別擔心，我一定會克服困難的，就像我克服這麼多醫師都覺得無救的怪病一樣。」結果是，他讓沙鷗公司的獲利成爲當初創立時資本額的一百倍。

幫助別人，就是幫助自己

我上生命教育課程時常對學生說：「幫助別人，就是幫助自己。」有一位同學回應完全同意這句話，因爲他幫助過的人，在一偶然的機會中，幫了他一個大忙。我告訴他說，你的例子很好，但是，我說的「幫助別人，就是幫助自己」，並不是這個意思。

我認爲要幫助別人，就是別人沒有這方面的能力，所以需要你幫忙。也因此，如果當別人需要幫忙的時候，如果自己具備這個能力，當然可以立刻幫忙。如果沒有，那就必須花時間與功夫來開發這個能力，才能夠幫忙別人。

在我的經歷中可以看到專欄作家、暢銷書作者、廣播節目主持人、電視節目主持人，我開授資訊法規、未來學、生死學、創意思考、知識經濟、高效率語言學習及兩性關係等課程。當初就是別人請我幫忙演講、寫稿、主持節目及開設新的課程，雖然我當時不具備這些能力，但是都硬著頭皮答應下來，只要求給我時間準備及學習，以具備這些能力。

很多當初請我幫忙的人，遇到我都會再次感謝我，我都會回說：「我才要謝謝你，因爲如果不是當初你要我幫忙，我也沒有今天。」

這就是我對「幫助別人，就是幫助自己」的定義。

我跟學生講這個觀念後，不少同學告訴我，聽了我的觀念後，他們完全能接受，人生觀大幅改變，現在跟家人在一起氣氛良好，跟同事相處得相當愉快。也因此任何人找我幫忙，只要在我能力範圍，我都會盡一分心力。

將壓力（stressed）轉換成生命中的甜點（Desserts）

有一句名言：「生命中，挫折常占十之八九」。因此，如何面對挫折，是人生重大的學問。一般而言，人遇到挫折或壓力時，會有三種反應型態：

- 自暴自棄，將壓力變成毒藥。
- 認命面對，將壓力變成苦藥。
- 昇華突破，將壓力變成甜點（或補藥）。

美國總統羅斯福講過一句名言：「**你的成就不會超過對自己的想像與認知。**」遇到挫折，你選擇以上哪個認知，就會成爲那樣的人。

有些人，遇到挫折就怪東怪西，怪命不好，不思反省長進。漸漸地，朋友減少、能力跟不上社會，讓挫折壓力變成毒藥。

然而有些人，遇到挫折失敗，卻能坦然面對。

我父親莊鏡洲擔任鐵路局列車長時，遇到列車事故，摔到火車軌道上，被火車碾斷一隻腳。一夜之間從列車長成爲殘障人士。那個年代，只有一條腿的人幾乎成爲社會及家庭的負擔，父親認命面對、承受苦難。在家中沉寂心痛了半年後，父親選擇了「昇華突破」，相信即使殘障，也有可能開創出一片天地。然而，問題來了，當時，我媽媽還沒有嫁給父親，兩人僅是在交往中而已，因此換我媽媽面臨壓力了。因爲若選擇嫁給我父親，等於是要照顧殘障人士一輩子。有不少人勸我母親要爲自己著想，別苦了後半輩子。我母親最後還是選擇和父親結婚，她覺得既然相愛，有困難就該一起承擔。

結婚後，母親收入不夠家中開銷，父親毅然決然地帶了一百元，從家鄉台南北上，忍受離開妻兒的煎熬，從幫忙打工做起，不計較人家看他的眼光。由於比別人更辛勤，得到老闆的賞識。到後來，父親創業成爲公司負責人，遂將我們兄妹三人（大妹莊錦華、小妹莊雅惠）從台南接到台北，我們就是享有在父母面臨壓力時，選擇將壓力轉換成生命中甜點的成果。

知名口足畫家謝坤山，他因高壓電電襲造成重度傷害，兩手切掉，一隻腳的腳指截肢，眼睛也只剩下一眼能見。當時，很多人認爲他的生活只能到夜市擺一個碗讓人捐錢。他卻認爲老天還留給他一隻眼睛、兩條腿還可以走路，頭腦安在。

他選擇了利用老天留給他的，開創新的生命與前途。他成功了！

天仁集團董事長李瑞河，亦是將壓力轉換成生命中的甜點的知名例子。

一九八九年李瑞河禁不起暴利誘惑，在親朋好友慫恿下跨入外行的證券業。在股市飆漲時，核心幹部全部登上億萬富翁之林。由於嘗到暴利甜頭，天仁證券大膽從事丙種墊款業務。不料一九九〇年台灣股市從一萬二千六百八十二點的高點急轉狂跌，天仁證券股票交割的資金缺口，高達二、三十億元，這天文數字的債務，讓李瑞河嘗到前所未有的巨大壓力。他在自傳中指出，曾經想從天仁大樓跳下，也曾兩度帶著安眠藥到中正紀念堂，試圖仰藥自盡，尋求個人解脫。但是後來他選擇面對壓力。

他說，如果他死了，只有他個人解脫，公司問題仍然不能解決。於是他選擇站上第一線，向大衆宣示，願意用名下的財產償還債務，沒有把事情處理完，絕對不會離開台灣。

當時，他成立危機處理小組，分組找銀行、金主談判，協議以股票抵債，交出他所有的股票、天仁茗茶兩成股權以及哈帝漢堡、天廬飯店和天仁證券各三成股權，總價值達十五億元。甚至還把他名下唯一的店面——屬於妻子的房子，都拿出來處理債務，展現勇於負責的誠意和決心，最後終於清償所有債務。

李瑞河從巨富到一無所有，他沒有氣餒，也沒有被壓力擊垮。相反的，他要將壓力轉換成生命中的甜點。由於他「有錢大家賺，負債一肩扛」的負責任的人格特質，讓李瑞河在最落魄潦倒的時候，仍有親友願意集資台幣五千萬元，讓他有機會扳回一城。李瑞河沒讓支持者失望，他本著「月亮當太陽，下雨當沖涼」的精神，在近花甲的五十七歲到了大陸，過著「爭分奪秒」、每天與太陽賽跑的日子。李瑞河成功谷底翻身，成爲全大陸最大的茶企業，十四年後甚至還「收回失土」，買回了台灣天仁二十六%的股份。

3-2 活力與能量——身體與頭腦的健康

頭腦有了Positive Thinking等相關能力後，身體還需要有Energy才能竟其功。因為任何思維都要靠身體來執行，再好的idea都需要身體強健的Energy來完成。

試問，一個充滿Energy的人跟一個氣息奄奄的人，那一個比較有競爭力？一般人認知的Energy大多著重在身體方面，在此，除了討論身體的Energy外，也討論頭腦的Energy，因為不少殘障人士，雖然身體有缺憾，但是經由鍛鍊，培養出相當強的Energy。謝坤山跟我父親就是很好的例子。

身體的Energy（強健）

1 運動融入生活

我很清楚知道，強健Energy的重要，因此在陸戰隊當兵兩年的日子，我努力訓練自己的Energy。我現在仰臥起坐可以做兩百下，每天走路一萬步。

漢聲廣播電台主持人曾訪問過我：「在陸戰隊當兵會不會很辛苦？」

我回答：「不辛苦，不但不辛苦，還很快樂。」

主持人有點驚訝，問爲什麼？

我回問：「爲了健康，你現在到健身房要不要花錢？」

主持人：「當然要花錢，還要保證金呢！」

我說：「當兵就是我的健身房，陸戰隊每天都跑五千公尺，我不但跑，而且還在最後一千公尺衝刺，每天都在挑戰體能，突破新紀錄。同樣的，現在如果要去學武術要不要花錢？當兵對我而言就是武術訓練所，我在軍中練習跆拳，我的跆拳道屬紅黑帶一級，升上去就初段。好玩的是，在軍中，不但不要花錢，還可以領薪水，當兵當然很快樂。尤其，我當時是預官排長，又多了學習領導統御的機會。」

我會善用當兵的時光，就是因爲自己採用正面思考。既然當兵是應盡的義務，爲什麼不善加利用當兵所有的一切？由於擔任排長時表現不錯，團部有上尉裝載官出缺時，團部遂將我調任裝載官。擔任裝載官又增加了我的視野及經驗，因爲裝載官要執行兩棲登陸作戰計劃。在幾次演習中，我裝載了如同諾曼第登陸的坦克車、一五五榴彈砲車及大卡車在中字號船艦上，演習登陸時，從船上看岸上，各種戰鬥車輛在沙灘上奔馳，頗爲壯觀。有一次作戰演習，從左營一直演習到恆春，夜間要急行軍，三天晚上要從左營走到恆春。

許多步兵排長跟我說：「當裝載官眞好可以搭車，我們要走三天，比你辛苦多了。」

我回說：「不，我也要走。」

他們說：「你頭殼是不是壞掉？我們有些人想到要急行軍三天就頭痛，避之惟恐不及，爲什麼你要走到恆春？」

我說：「這是訓練我體能及耐力的好機會，當然要好好把握。」

結果，我不但走到恆春，還走到尖兵排及尖兵班，也就是部隊的最前方。所以，我經常跟學生說：「當兵是一個培養自己體力、耐力及意志力的絕佳機會。」

然而，人的生活不會都在當兵。尤其，女性沒有義務當兵，所以在日常生活上，就應該思考如何將Energy的培養融入生活中。我聽過一個醫學知識，一個人的體能與運動有關，且在什麼年齡開始維持一定的運動量，將會持續下去。

尤其在二十歲時開始，根據自己的體質，每週維持一定的運動量。只要持續維持該運動量，身體狀況即使到了四十、五十歲甚至六十歲時，身體體能與二十歲時仍相去不多。

我當兵退伍後，爲了維持體能狀況，每週一定要運動達一定的量。除了每天仰臥起坐還打羽球、桌球及網球。我今年五十五歲，體能狀況與年輕時相差不多，經常在打球時，學生們都覺得我的體能怎會維持得這麼好。原因很簡單——將運動融入生活中，且維持一定的運動量。我現在每天走一萬步，原本有些地方是搭車去，現在則調整成走路，讓一天的行程中有一萬步的路程。一天走一萬步後，身體狀況比又以前更佳，不少朋友看到我的情況，也加入把運動融入生活的行列。

2 經常深層呼吸

大多數人不知道深層呼吸對健康的助益。根據資料，每三個美國人，便有一人致癌。不過，在運動員方面，致癌的比率僅有七分之一。其原因就是，運動員的血液能充份得到最重要的維生元素——氧，這讓他們身體的免疫系統能發揮最大的功能，以推動淋巴系統的活動，而能有效清理自己體內的系統。以下是有效的呼吸法：

每吸一個時間單位，便得憋氣四個時間單位，吐氣兩個時間單位。例如：你吸氣花了三秒鐘，那麼憋氣就得十二秒，吐氣六秒。

吐氣花兩倍的吸氣時間，有助於淋巴系統能充份排除毒素。

其次，憋氣花四倍時間，能使血液充份地利用氧氣和推動淋巴系統。所以當你呼吸時，你吸足呼盡，把體內血液中的毒素完全排光。每天至少三次，早中晚各一次，每次十個深呼吸。用鼻子吸氣五秒，憋二十秒，呼氣十秒。一次三十五秒，十次共三百五十秒，不到六分鐘。持之以恆地去做，對身體健康的效果，不低於食物和維他命丸對身體的助益。

想想，早中晚各花不到六分鐘，能讓身體更健康，何樂而不為呢？

3 擁抱黃金睡眠

睡眠對學習效能有著關鍵性的影響，同樣地，如果不注意睡眠，甚至缺乏睡眠，亦會嚴重影響健康。

一般人將睡眠的作用定位於生理上的功能，也就是人工作後，需要休息，以恢復體力。

殊不知睡眠還有另一個重要功能——自我重組資訊、自我學習。休息恢復體力的功能，大多數人都知道。但是並不瞭解不同時段的睡眠，對身體休息恢復的效果不同。

我妹妹莊雅惠每天九點睡，早上四點起來。

她告訴我同樣睡七個小時，晚上九點~四點是黃金睡眠時間，對人體的修復及解毒最具效果。

4 調整飲食習慣

除了運動外，飲食也會影響健康與身體的Energy。一個過胖或是有三高的人，身體的

Energy是無法承受過多的工作負荷的。

我一天只吃兩餐，多年來維持一定的體重。

衛生署公布，我國成年男子已有五成過胖，因爲過胖衍生的疾病造成健保給付增加，政府每年要多支付兩百多億。

我曾在中國時報爲文〈新社會，新飲食〉，呼籲進入知識社會後，要調整成適合新社會的飲食習慣。天下雜誌及旺旺週報都訪問過我有關飲食的問題。試問，爲什麼有五成以上的成年男子過胖？

原因就是我們大多數人都還停留在農業社會的一天吃三餐的高熱量飲食習慣。我一直在推動的飲食習慣就是「1-1=0」。也就是讓每天食用進來的熱量，減掉每日消耗的熱量等於零。

此外，有些人逐漸變胖是因爲過年期間吃過多東西，變胖後減不下來。日積月累後，逐年變胖。每次有朋友跟我說這個頭痛的問題時，我都會笑著回說：「過年過節可以變成減重佳期。」朋友大多會訝異地說：「沒變胖就阿彌陀佛了，怎可能減肥？」我回答：「以往過年過節，經常都是大魚大肉。」很多人過個年，體重至少會增加一、兩公斤，有的甚至不止，爲什麼？

因爲從早到晚吃各種佳餚與糖果，不增胖也難。然而爲什麼會有這種習慣呢？這就要啓動思考力了。我都利用過年過節時間減重，怎麼說呢？先賣個關子，想知道的朋友，請見本書第四章中創新力的建議方法。

達成身體健康的要訣：

- 選擇自己喜歡的運動至少兩項，運動多樣化，運動到的肌肉也不同。
- 運動時要出汗，出汗有排毒功能
- 每週至少一次激烈運動，以測試自己體能的負荷情況。
- 持續每天散步習慣，有些時候可以倒著走，對身體有正面功能。
- 多做深呼吸。
- 調整睡眠時間。
- 調整飲食習慣，1−1=0。

頭腦的強健力

很多人以爲身體的Energy就是指體能，其實不然，人不只體能重要，腦能也很重要。當頭腦缺乏某些物質時，會引發憂鬱甚至焦慮。相反的，有些物質會讓人樂觀，有的會強化腦力。所以，善用對腦有正面功能的物資，也是重要的課題。這些物資包含了：食物、香料及音樂等。

1 食物與腦力開發

演講腦力開發時，我會問來賓：「有沒有看過武俠小說？」來賓回答：「當然看過！」我再問：「要如何才能在江湖生存？」來賓回說：「成爲武林高手。」我又問：「如何成爲武林高手？」此時各種答案都出爐了，如：練武林祕笈、勤加練功、吃天山雪蓮或千年靈芝等。我接著問：「爲什麼要吃雪蓮及靈芝？」來賓說：「增強體能、強化功力。」我說：「你們挺有知識的嘛！請問，這個知識可不可以拿來『運用』在腦力開發上？」有些來賓愣住了，看了那麼多年的武俠小說，沒想過吃靈芝跟腦力開發有什麼關係？

有的來賓眼睛一亮說：「我知道了。武林社會中競爭體能，吃雪蓮靈芝可以增加體能。在知識社會中，競爭的是腦力。你是不是暗示我們，要吃健腦的雪蓮跟靈芝？」

我回說：「完全正確。」不同食物對身體有著不同的功效，有些食物對眼睛好，有些食物對肝好，當然會有食物對腦有益。

人腦中的一千億個神經細胞，每一個細胞都能分裂出兩千到兩萬個分枝，稱爲樹狀突。每一個樹狀突能夠儲存資訊，並接收由其他細胞所傳達過來的資訊。

而神經細胞也透過軸突來作爲自己的主要傳輸訊息的途徑，每個樹狀突更是被千億個膠細胞圍繞，形成網路。

大多數人以爲決定智力的要素，是取決於腦細胞的數目，其實這是不太正確的觀念，決定智力的主要的因素有二：其一，腦細胞是否接受適當刺激增強活性與功能。其二，這種細胞與細胞的相互聯繫，透過每個細胞觸鬚上的結節和其他細胞的結節聯繫，以產生電子的化學作用，組成一個電路，而使我們的大腦成爲最獨特、精密的天然電腦。

一個成人的腦重量大約只占體重的二％，但是卻會消耗總擁有能量的二〇％。腦的運作如同於機器一樣，需要其特定的養分與能量。基本上，腦的能量是來自於我們日常生活中所攝取的食物。其中又以蔬菜、水果所攝取的養分，最有助於大腦的利用與吸收，因爲它們蘊含了豐富的葡萄糖。

另外，攝取蛋白質有助於產生化學物質流動，藉以傳送資訊；而魚油和蔬菜油，則是滋養腦中幾十億膠細胞的重要糧食；花生、黃豆與小麥胚芽等卵磷脂含量高的食物，有助於增強記憶力。在豆類與玉米油中，含有大量的亞麻油酸，適當的攝取有助於心智的發展與學習能力。在礦物質方面，鐵質與鈉、鉀的營養補充，是人腦的重要糧食。

在學習的過程中，缺乏鐵質攝取所導致的危險包括：注意力的集中時間會縮短、延遲瞭解與推理能力的發展、減低學習能力與記憶力等。

這樣一來，學習的能力與成果自然大爲降低。

至於鈉、鉀則是人腦必須長期補充與滋養的養分，因爲人腦中一千億個神經細胞，每一個大約都有一百萬個鈉幫浦（sodium pump），是傳送人腦資訊的重要角色。鈉與鉀就是補充幫浦能量的糧食，這些養分的攝取都可以從水果與蔬菜中獲得。

我妹妹莊雅惠是知名的中醫師及教授，多年來我跟妹妹一起推動，在知識社會中要注意健腦食物攝取。十年前，莊雅惠在開南大學擔任衛生保健組組長時，就與學校餐廳合作，在期中、期末考前一週，自助餐中就有一區是健腦菜餚，頗受學生喜愛。

爲了推廣食物及醫學運用在腦力開發，我跟莊雅惠醫師合寫了《我家小孩變聰明》。有些學校參考該書後，將營養午餐改成「聰明午餐」。像是陳清義校長在擔任台北市立大同國小校長時就推動「聰明午餐」及「效率學習」。聰明午餐的內容很豐富，舉幾樣如下：深海鮪魚丁、黑芝麻包子、大地能量粥、蒜香菠菜及柑橘類水果等。這些食物提供了孩童DHA、不飽和脂肪酸、植物性蛋白、維性素B群、維生素C等，促進腦部發育營養的攝取。值得一提的是，這些菜色並不貴，一般營養午餐的價格即可享有。他剛當校長時，全校有一〇・二％學生未達台北市教育局標準，經過兩年多的改革，只剩下二・四％未達標準。健腦食物及效率學習對教育成效的重要性可見一斑。

2 體覺與腦力開發

身體的肌肉，有了好的營養後，不加鍛鍊給予刺激，也會鬆垮垮。同樣地，腦細胞有了好的營養後，如持續不鍛鍊刺激，將無法增強腦細胞的強度。

哈佛大學教授到台灣來發表運動會開發腦力，打破了原本認為運動只是對身體有所助益的觀念。其實，六年前我出版的《「學習」已經落伍了——以知識管理取代學習》書中早就提到運動對腦力開發的正面功能。更提出了「身腦反應人」的概念。

運動開發腦力，只強調運動對腦力開發有幫助。然而並沒有說明，身體哪些部位的運動，對腦力開發的比例。因為如果知道其比例，將有助於選擇何種運動對腦力開發較有助益。例如，身體與腳對腦的影響相當小，眼睛、耳朵、鼻子、舌頭及手對腦的影響就相當大。尤其手掌的運動，對腦刺激的比例占了全身的五十%。

所以我根據身腦反應人的比例，開發了刺激視覺、聽覺、嗅覺、味覺及健腦操等刺激體覺增強腦力的方法。

【視覺】 顏色會對人類產生影響與衝擊。人類的大腦透過視覺，接收外在顏色刺激，引發學習、思考與創意。例如到山中看到整片濃密綠意盎然的森林，心中會感到舒暢及與自然結合的心靈也會油然而生。又如，紅色或橘紅色會讓人感到熱情，看到藍色則會感到活力與青春，黑色則感到刺激與冒險，在明亮美麗的色彩環境中，情緒容易變得愉快、開朗，進而影響胎兒的情緒感受。

相反地，暗淡、難看的色彩令人容易疲倦、焦躁，甚至影響身體健康。房間的布置如果色彩處理得當，生活會既典雅、溫馨，又充滿活力與創意。

因此，在家中可以善用顏色對人的刺激，布置顏色組群的變換擺設也能激發創意。世界名著《鐘樓怪人》的作者——大文豪雨果。他著作的特色是故事的人物角色都有著鮮明的對比，下筆的形容也是尖銳犀利。雨果認爲自己會有這樣的著作風格，主要來自幼年時，其父親待在西班牙期間，曾帶他去住過一段時間，所以受到西班牙建築的鮮明對比的顏色及風格所影響。可見顏色對人的影響深遠。

【聽覺】 音樂影響人的健康和智力，埃及人把音樂稱「靈魂的醫學」，波斯人用琵琶治病；古人的治病儀式充滿宗教音樂；現代醫學利用音樂減少疾病發生與消除精神緊張與肌肉疲勞。音樂開發腦力在第四章〈創新力〉中有更多的介紹。

【嗅覺】 大腦邊緣系統掌管著人類的情緒及原始的知覺，刺激大腦邊緣系統也會引發創意，人體有許多知覺會直通大腦邊緣系統，嗅覺就是直通邊緣系統的知覺之一。

專業實驗顯示，植物的香味會經由嗅覺來刺激右腦的想像力，強化腦的活力及學習力。而古埃及人及希臘人都運用香精或香氣來刺激腦的開發與想像。

例如：岩薔薇（Cistus）具有拓展心靈的功能；檀木香則讓心靈平靜，有助於冥想開發心靈；茉莉花香會激起熱情與憧憬；薰衣草則是抗沮喪；薑有助於提神頭醒腦；桂花香讓人心情爲之清新舒暢。

【味覺】 味覺愈多樣，對腦的刺激也愈多元。以往，我喝牛奶及優酪乳的觀念就是營養，所以只喝一種，而且快速喝完。現在，爲了增加味覺及嗅覺刺激，我會多樣選擇，而且會先嗅一嗅後再慢慢品嘗。有些牛奶跟優酪乳聞起來感覺通體舒暢。所以現在我吃飯也盡量採取多元化。

【健腦操】 由於手掌的運動對頭腦的刺激相當大，尤其不同手指頭的運動將會刺激腦部的不同區域，對於激發腦細胞有相當大的助益。因此我開發了多種健腦操，以下介紹三種。

第一種：指尖互碰。

左右手掌相對，五指指尖持續互碰，逐漸加強互碰的力道，這樣將會隨著刺激的加強，有更好的效果。

第二種：單指互繞。

左右手掌相對，五個指頭互相頂住，然後，每次互繞一個指頭，其他手指仍需相互頂住。先進行左右手大拇指的環繞運動，先是順時針往前繞，接著逆時針往後繞，約莫繞個一分鐘後，換下一對手指頭，輪流進行五根手指頭的繞行運動。

第三種：交叉互碰。

雙手的拇指及食指交互碰觸，即右手的食指先去碰觸左手的拇指，接著左手的食指去碰觸右手的拇指，就這樣輪流進行交叉的碰觸刺激，然後換成食指和中指，接著交互練習完五根手指頭。

第 4 章
創新力

4-1 思考力及創新力函數

在知識社會中，除了未來力外，創意是重要的競爭力。

在大學開課時，未來學又稱「前瞻思考」，創意開發也稱「創意思考」，所以，在上課時我才會問學生：「如何才能學好『創意思考』？」許多同學會說：「學會創意技巧。」這時候，我會說：「錯了，先學會『思考』。」不管是「創意思考」或「前瞻思考」，都有一個思考，也就是說，要具備思考力，才能培養良好的未來力或創意力。

在不同社會中，思考力及創新力有不同的重要性，那要如何來瞭解以掌握其重要性的變化呢？我回說：「大哉問！」由於其與社會變遷相關，在此提出一個思考力、創新力與未來學相關的函數。

F(IF)=CSS (Change Speed of Society)

F(IC)=CSS (Change Speed of Society)

IF= Importance of Thinking

IC= Importance of Creativeness

農業社會 CSS=0

工業社會代溝 CSS=(1/25)

資訊社會摩根定律每進步一倍。CSS=1/8

知識社會每四年一個週期 CSS=1/4

由於農業社會的社會變遷幾乎是零，所以思考力及創新力的重要性也接近零，甚至可能是負數，因爲不見容於社會。進入工業社會後，社會開始變遷，但速度不快，約經過一個世代才有明顯的感覺，所以出現「代溝」這個名詞。接著進入資訊社會後，變遷速度加遽，摩根定律指出每八年會增進一倍，進入約八年一個變動的速率。

進入知識社會後，變動速度更加遽，產品能持續四年就不錯了。由此可知，以工業社會的變動速度，爲思考力及創新力重要性基準單位，即1/20爲一個單位。思考力單位就是一IT，創新力單位爲一IC。資訊社會的變動率是1/8，就是二·五IT及二·五IC。知識社會就是五IT及五IC。這兩個函數說明了爲什麼思考力及創新力越來越重要的情況。

朋友說：「根據你的函數公式，由於社會變遷持續加速，所以未來的社會思考力及創新力將更重要對否？」

我說：「正是，也由於其重要性越加增高，本章將介紹如何學習此兩項競爭力。」本章討論創意開發，在創意技巧的萃取分析中有對思考力做基本的介紹。

4-2 創新力的定義

創意的定義有多種，如沒有出現過的idea、與衆不同、新的觀念等，但是創意也可能是不切實際的空想。

有人經常將創新與創意混淆。**我們定義「創新」是：開發創意滿足社會新需求的產品、服務、觀念或制度。**

創新要能成功，必須滿足社會需求，所以創新成功的第一條件是，找出社會的需求。其次，開發創意滿足社會需求。

由於社會持續變遷，需求亦隨之改變。準此，當社會原來的需求不再時，原來的創新就走入歷史。其實任何產品都會從成功的創新到走入歷史。微軟的DOS當初成功的創新，現在則已成爲歷史陳蹟。這代表創新是有其生命週期的。

1 需求型態

【顯需求】 顯需求如同字義就是明顯的需求。如男性需要刮鬍子就是顯需求；又如食物要冷凍否則會腐壞，因此開發冰箱就是滿足顯需求。

拿破崙攻打蘇俄時，因補給線太長，所以需要開發保存食物的方法，因此開發出罐頭製品。還有第二次世界大戰期間，美國爲了保有戰略優勢的「顯需求」，而開發原子彈；愛迪生爲了開會能一字不漏的將會議記錄保存的顯需求，而發明了「留聲機」。

【隱需求】 隱需求如同字義是隱藏的需求，需要具有Extract能力的人才能萃取出來。遺囑的記載就是一個很好的例子，由於擔心遺囑記載不眞實或是遭竄改或遺漏，開發能將遺囑紀錄下來的設備，成爲社會上的「隱需求」；又如日本Sony公司看出了人們喜歡隨身聽音樂的「隱需求」，推出了隨身聽(Walkman)，讓人到任何地方都可收聽音樂。推出後，可說風靡全球。而微軟會成功也是看到當時個人電腦時代來臨的需求；Facebook會成功也是看出網路社群的隱需求；iPad的開發亦是如此。

2 創新型態

【商業創新型態】

Type1：1因應顯需求 2開發創意 3雛形產品 4市場測試 5開發產品6占有市場

Type2：1萃取隱需求 2開發創意 3雛形產品 4市場測試 5開發產品6占有市場

Type3：1已開發創意 2尋找需求 3雛形產品 4市場測試 5開發產品6占有市場

Type3比較特殊，是從已經開發的創意中，去尋找可能的需求。比如，淡江大學研究出血型轉換的創新技術。論文發表後，就有企業提出產學創新計劃。將血型轉換技術運用於輸血，因爲人的血型不同，需要血的時後，當血庫中無該血型時，可以將他種血型轉換成需要的血型。

最後，不管是哪種創新，當第六個階段占有市場下降到必需退出市場時，企業必需重新回到第一階段啓動創新流程，否則將被淘汰。這個循環流程就是創新生命週期。

4-3 強化創意能力——BE CREATIVE

由於需求的基本要素是創意，在此介紹如何強化創意能力。增強創意可從三方面著手。其一，善用外在環境。其二，培養創意性格。其三，學習創意技巧。

外在環境激發新創意

外在環境會影響人的創意，因爲外在環境會刺激人腦，刺激人腦後，會讓兩個腦產生化學變化，引發創意的能量，因此善用外在環境會強化人的創意。人類面對外在環境的變化多得無法細數，之前已介紹過音樂及氣味，於此再介紹有助於開發創意的七項環境因素：氣候溫度、顏色光線、音樂、逛街、旅遊、語言、創意團體。

1 氣候溫度

有實驗報告指出，溫度與溼度對人腦確實有著相當程度的影響。溫度在攝氏十八～二十四度最適合腦力開發，溼度則是相對溼度的六十％。

2 顏色光線

任何生物對顏色都會有不同的反應。比如，鬥牛看到紅色就會直衝過去，是因爲紅色會激發其憤怒。類似的，飛蛾看到火光就會飛撲向火光。對人類而言，雖然不會像牛看到紅色就衝過去的情形，但顏色仍然會對人類產生影響與衝擊。比如，看到黑白分明或大紅大紫的衣服，就會眼睛一亮。而在前一章在視覺(P84頁)我也有例舉一些，有興趣也可以再回頭去看看思考一下。

3 音樂

許多人對音樂的印象是休閒與欣賞，卻不知道音樂還有激發創意的功能。有關學習的研究報告指出，某些型態的音樂，能強化學習能力及右腦開發。

試想，邊聽音樂可以開發創意，那是多麼愉快的事情。我擔任台北教育大學校長時主任兼秘書楊繼正聽說母親懷胎時，聽莫札特的音樂將可提高孩子的數學能力，因此他親自做了一個實驗：當他夫人懷大兒子的時候，經常聆聽莫札特的音樂，結果他大兒子的數理能力果然有不錯表現。但在懷第二胎時沒有繼續聽，二兒子在數理方面就沒有過人表現了，不過還是在其他方面表現出色。

可見，不同音樂會刺激腦部產生不同的腦波，並對腦部進行不同程度的開發。許多音樂會刺激人腦引發創意。介紹以下幾種，巴哈的音樂如：D小調小提琴協奏曲、F小調協奏曲第二樂章；貝多芬降E大調第五號鋼琴協奏曲；蕭邦或舒伯特的音樂，有刺激思想引發創意的功能。巴洛克的音樂則可以放鬆心情，增強記憶並強化學習效果。貝多芬知名的第六號「田園」交響曲也具備上述功效。

4 逛街

街道上的各種廣告及店家擺設，都是爭奇鬥豔的各種創意。過去，路上有人遞DM給我，我大概都不會收，覺得要丟麻煩。現在，都會很高興地收起來，因爲任何DM都是該公司及設計者認爲很棒的創意，我從這些DM中獲得不少創意。

5 旅遊

旅遊可說是接觸全新外部環境的歷程。其功能至少有二：其一，放下心中原來日常處理的各項事物，享受一段與工作隔離的時刻。拋掉工作壓力與思維，有助於創意的開發。其二，到一個全新的環境，將受到各種不同的外部刺激，入寶山絕對不可空手而回。

6 語言

學會不同語言後，運用不同語言跟不同族群的人溝通，會產生不同靈感的火花，尤其不同的語言有著不同的文化、不同的文法、不同的發音及開發腦力不同的區塊，這都會強化創意能量。

7 創意團體

每個人成長的背景、學習的領域、宗教的信仰及社會的價值觀等，都有相當的差異性，所以古諺說：「三個臭皮匠，贏過一個諸葛亮。」因此如果有一群人組成創意團體，經常針對不同議題討論。那自然可以從中發揮許多創意。

愛因斯坦很會運用創意團體的力量。他組了「奧林匹亞會社」，成員爲四至五位好友，每週聚會一次，相互交換意見。愛因斯坦的許多創意點子，就是從奧林匹亞會社的聚會討論中得到靈感。

內心思維──培養創意性格

一個保守不願接受新事物性格的人，是很難從其腦中迸出創意的。在此要指出，性格是可以調整及培養的。

林肯年輕的時候，是個脾氣火爆，講話絕不饒人的鬥雞。中年後，經過磨練，成爲溫文儒雅、寬大包容的君子。

既然性格可以培養，性格也會影響創意開發。要提升創意能力，就要培養創意性格。介紹三種創意性格：勇敢冒險；開放心靈；挑戰傳統。

1 勇敢冒險

歷史上許多偉大的事蹟及創新皆是由具備勇敢冒險特質的人所開創的。要強化創新能力，培養勇敢及冒險的特質，是不可或缺的要件。

試想，如果哥倫布沒有流著勇敢及冒險的血液，怎麼可能發現新大陸？諸葛亮若不敢冒險，怎會有膾炙人口的空城計？3M的創新產品失敗率達六十％，但是3M的員工仍勇於冒險嘗試。這股勇於冒險的特質，讓3M成爲全球矚目的知名創意企業，每年開發百種以上的新產品，獲取高額利潤。

2 開放心靈

人類經常會被既有的思想及觀念綁住，一旦被觀念綁住，創意也就被綁住了。

例如，當達爾文整理好「演化論」後，遲遲不敢發表，因爲當時大多數人們相信人是神創造的。發表後，很多團體還走上街頭抗議，有抗議的標語是「請不要侮辱人類，我們的祖先不是猴子」。又如，密西根儲蓄銀行總裁認爲汽車根本不可能成爲交通工具。當亨利．福特的律師要投資亨利．福特開設汽車工廠時，總裁向律師說：「馬車會繼續存在，汽車只是笑話一場的白日夢罷了。」

一八九九年，美國專利局主任委員查理斯．杜爾(Charles H Duell)向麥津利總統提出報告，報告中指出，能夠發明創造出來的東西都已經被發明了，所以建議總統撤銷專利局。

限囿的思想模式，就是創意的大敵。要有創意，一定要先將思想的大門打開，不要有先入為主的觀念，那就是開放的心靈。

3 挑戰傳統

傳統中有優質的事物當然應該繼續保存，但是隨著社會變遷，許多傳統事物都應調整修正，然而許多人被傳統的思維綁住，所以被困在傳統思維中。

要創新，就必須時時思考傳統是否已經過時，具備挑戰傳統的性格。哥白尼就是不接受地球是宇宙中心的傳統思維，也因此大膽挑戰了傳統思維，提出了地動說。

學習思考與創意技巧

思考與創意開發的技巧相當多，學習開發創意的技巧，有助於創意能力之提升。於此介紹十種開發創意技巧：BE CREATIVE

1 腦力激盪 Brain Storming

每個人來自不同的成長環境及背景，因此有著不同的觀念及想法。這些不同的觀念及想法，其實就是創意的源頭。所以透過討論或正式會議，是一種有效開發創意的方法。

「動腦會議」的規劃與安排，有相當程度影響會議的創意成效。要讓創意會議得到良好效果，需掌握創意會議八個原則。

❶ 找一個有經驗的會議主持人，會議成員宜異質化。

❷ 主題限制在2個之內。

❸ 討論主題時發言不宜散漫。

❹ 時間不宜太長，不要超過四個小時。

❺ 人數在五～十五人之間。

❻ 流程預先規劃，讓每個人能輪流發言並充分表言。

❼ 營造奇怪或瘋狂的氣氛。

❽ 把握好的創意，並繼續衍生潤飾之。

這八點很好記，各位讀者可以從每一項中找出跟該項數字順序的關鍵字。如第七項：奇怪的氣氛中的奇與七的發音雷同。找一找，各項的關鍵字，很容易記起來。

其次，有許多不同開會的方式可以運用，如六六法、六三五法等。

六六法就是將大團體分成數個小組，每一組六個人，發言總共六分鐘，即每個人發言一分鐘。小組討論後，再回大團體將討論提出。

六三五法則是一組六個人，每個人在紙上一次寫下三個創意，而後依次傳遞給下一位，每傳遞一次，再寫三個創意，且創意不得與紙上已有的重覆，總共傳遞五次。

2 擴張發散 Expand

人的頭腦有著發散式，跳躍水平思考的巨大能力，因此從既有的知識中，以發散的方式思考，可以開發創意。

比如，人的平均年齡越來越高，對外型及生活品質越來越重視。從這個常識，可以發想到養生、抗衰老、美容整形及健身等領域將越來越熱門。

九宮格法就是常運用的發散式思考技巧。九宮格是一種「井」字形的圖案（如下圖），使用方法是將要思考的主軸放在井字中間，再將可能發散聯想的相關事物寫在外

效率	記憶	上課
愉快	**學習**	複習
成功	考試	筆記

九宮格思考技巧(一)

圍的八格。

例如，在中間填入「學習」，再將四周填滿與學習相關的事物，如上課、預習、複習、做筆記、快速記憶法、效率學習法等。

另一種方式是虛實對調。在中間填入實物，如森林，在四周填入各種虛詞，像是生命力、綠感覺、舒服、休閒、保護、小心火苗等。或者相反的，在當中填入虛詞，如「愛心」，然後在四周填入媽媽、志工、導護、傳教士等。

捐錢	導護媽媽	墨子
寄養家庭	愛心	大愛電視
創世基金會	飢餓三十	醫院志工

九宮格思考技巧(二)

3 重新組合 Combine

Combine就是重新組合，將舊元件組合成新發明。

許多人以爲創意是少數人才有的天分，不是可以輕易擁有的能力。其實這可是大錯特錯，許多歷史上知名的發明，都是將既有的元件重新組合罷了。

比如，將腳踏車與購物車結合。電子手錶上加計算器，或是將茶與牛奶結合就成了許多人愛喝的奶茶。又如將攝影照相的功能與手機功能結合的新手機，一推出就大熱賣。

未來，電視、電腦與電話一體的時代將會來臨。

4 逆向思考 Reverse

逆向思考就是從相反的角度切入，通常會產生新的創意。像老、病、死是一般人所不喜歡的。日本作家永六輔採取逆向思考的方式，用快樂的角度來看老病死，寫出一本《大往生》之後，成為暢銷書。

他提出，既然人人都會老、病、死，為什麼不快樂面對它？比如說，不要為掉頭髮禿頭及頭髮白而煩惱。相反的，要為能活到掉頭髮禿頭或頭髮白而高興。很多人還活不到呢！老年人專櫃賣的都是小孩子的東西，貼的標語是「讓你獨享孫兒對你的喜愛」。

5 萃取分析 Extract

從既有的資料中萃取分析出別人看不出來的資訊，其中有許多就是創意的源頭。萃取分析的方法如歸納法及演繹法。

此外，在《知識不是力量―培養思考力》一書中我提出THINK UP思考法（參考專欄），培養萃取、分析的思考能力。

專欄：THINK UP思考法

THINK UP的每一個字母都代表一個階段。

- **Trace reasons：尋找原因。**

沒有一樣事情是天生如此或本來就該如此的。任何事物都有發生的原因，找出原因。演講時我會問來賓，牛頓爲什麼發現萬有引力定律？來賓會回答：因爲蘋果掉在他頭上。我再問：「以我們的教育來看，如果蘋果掉到你頭上呢？」大多數人會笑著說：「撿起來吃掉。」爲什麼我們不會因此發現萬有引力？因爲我們沒有啓動思考，我們認爲蘋果本來就應該要掉下來。

這個認爲蘋果本來就該掉下來的錯誤觀念，阻礙了我們思考蘋果爲什麼會掉下來的原因。請注意，一旦認爲一件事本就該如此，你的思考力就停止了。又如，因日本大地震而受到矚目的版塊運動。

人類進入航海時代後，爲了方便航行，航海家們將世界地圖一步步描繪出來。後來，隔著海洋發現兩岸的地圖型態拼成一個完整的地圖。有人開始思考其原因，結果提出了版塊運動理論。相信嗎?台灣原來在離現在數萬公里的南半球。

● **Hypothesis：提出假設**。

任何事情都有原因，但相同的現象或資料，每個人能找出的原因不見得一樣。假設的能力很重要，亞森羅蘋、柯南及我國知名神探李昌鈺等，就因爲提出的假設比他人正確，所以成爲名偵探。板塊理論的假設是當地殼形成時，原本是一個大版塊，而後因爲地熱及融漿向上噴擠，造成地殼裂解成不同的版塊。

● **Induction：推理分析**。

提出假設後，要進行分析，推理其正確性。比如，CSI針對各個假設的涉案人進行各種可能的推理。板塊如果是原本裂解，那地質必定雷同。

● **New idea：提出新觀念**。

提出的假設，在推理分析後，假如認定是正確的，這將成爲新的觀念，如愛因斯坦提出「相對論」的新觀念。板塊裂解的推理成立後，學者遂提出了「板塊運動」新觀念。

● **Knowledge construction：知識建構**。

新觀念逐漸形成後，必須進行新觀念的理論建構，再經由科學的反覆驗證，最後完成知識系統。板塊運動的學者提出了版塊運動的型態。建構了「板塊運動」理論。

● **Utilizing(Using) knowledge：運用知識。**

知識只用於考試是不會產生力量的。同樣的，再好的知識系統，不會運用，還是不會產生力量。

● **Power evaluation：力量評估。**

運用新知識的前提就是希望產生新的影響力。然而這個新的力量有多大，是否如原來知識系統所預期的，則在實際運用過程中會得到驗證。

如果與預期相符，則可大力推廣，否則應重新檢驗思考THINK UP的哪個環節出錯。

如目前許多地殼的變動及衝撞，在板塊運動理論下得到相當良好的分析及運用。又如十九世紀末期，許多有名的科學家都認爲人類要發明飛行機器是不可能的。至於當時著名的天文學家紐康普（Simon Newcomb）還以科學的方式証明飛行是不可能的。然而，就在紐康普証明提出後沒幾個月，萊特兄弟成功試飛，震驚了全世界。萊特兄弟以實證證明了紐康普**的理論是錯誤的**。

6 靈活運用 Apply

Apply就是尋找用途後靈活應用之。任何現象或idea都可能藏有隱需求。

許多人都知道瓦特因爲看到水煮開了的蒸氣現象，而發明了蒸汽機。一般人看到水開了的蒸氣現象，會想什麼？有人會笑著說，告訴我們要關火關瓦斯了。

其實，這就是重點。瓦特不是絕世的創意天才，而是他會去思考，水蒸氣這現象，可以應用來做什麼用途？他這樣一想，蒸汽機就問世了。

我在《驚豔台灣》書中有提到，《海底總動員》這部卡通相當轟動，如果將我們的國寶魚「櫻花鉤吻鮭」拍成類似趣味性的卡通將會更轟動。因爲櫻花鉤吻鮭是冰河時期從日本逃難到台灣的魚。原本是海溯魚，需回到海中繁衍下一代，然而到台灣後，由於台灣的河川太陡，無法回溯，遂演化成「陸封魚」。

櫻花鉤吻鮭因冰河啓動而逃到台灣的過程，不僅有趣味性更有教育性及傳奇性，好好運用，可以畫成漫畫也可以拍成卡通片。

7 轉換功能（用途）Transfer

轉換功能開發創意。從既有的用途中，轉移開發出新的用途。

電燈原本是用來照明的，由於有些蚊蟲對燈光有一定的反應，所以不少發明就藉著轉換產生，如補蚊燈。

皮膚科醫師所學的醫學知識，原本主要運用爲治療皮膚的疾病。現在臉部整型大受歡迎，皮膚科醫師的醫學知識轉換到拉皮、美白或是皮膚移植等，身價大幅提高。威而剛的發明也是類似情況，原本威而剛的開發是爲了治療心臟病，沒想到會產生副作用，能強化的男性的性能力，藥廠遂將原本功能轉換成強化男性性功能。

一八四九年加州淘金熱開始，絡繹不絕的採礦者紛紛來到加州，而李維以他獨到的眼光，從紐約帶來了一匹帆布，想要賣給淘金客充當帳篷和篷車頂的材料。不料淘金客不但沒有光顧，還潑他冷水：「我們現在最需要的不是那些玩意兒，而是耐穿的長褲。最好是可以讓我們穿到礦坑裡也不容易磨破的褲子。」

這顯然立即的需求給李維靈感，他請裁縫師將帶來的帆布裁製成長褲，賣給淘金客。由於帆布比一般材質耐穿，因此過沒多久，大家都知道「李維的牛仔褲」的確不錯，進而成爲了搶手貨！如今，李維的牛仔褲仍然風行全世界，在一九七六年，美國華盛頓特區的斯密生博物館，甚至將李維牛仔褲列爲館藏，成爲美國文化傳統的一部分。

8 增加功能 Increase

讓原來的設備增加功能，比如手機的功能越來越多，如增加鬧鐘的功能，或是上網的功能等。太陽能手機則是增加充電的功能。電影的功能也從2D增加到3D，阿凡達就是在3D影片中一役成名。國內有些大學跟國外大學合作採雙聯學制，可以取得兩所大學的學位，增加讀大學的功能。韓國的樂天電子，開發了可以驅逐登革熱病媒蚊的空調，在印度大爲暢銷。

9 訂定願景 Vision

設定新的願景本身就是創意，願景就是要超越現有，並提出更佳的想法。

羅斯福說：「你的前途不會超過你對未來的願景。」一個只想當經理的人，很難變成董事長。當汽車剛發明時，是相當昂貴的運輸工具，只有富豪才有能力購買。

亨利．福特當初創立福特汽車的願景是，讓每一位一般收入的美國人，都有能力購買福特汽車，並得以馳騁在上帝賜給美國人民的廣大美洲大陸上。

當時許多人將福特當成笑話，然而訂定願景後，爲達成目標，他開發了許多創意，其中，包括高效能的生產線。最後福特終於實現願景，贏得世人的尊敬。

10 減少消除 Eliminate

將事情、流程或步驟減少或消除。譬如，以往有公車車掌後來就沒有了。又比如兩岸直航，消除了中間停靠點。又或者，個人推動並呼籲的綠生活，以往我要去許多地方都搭車，現在大多走路去，這又消除了搭車的需求。

類似還有天氣溫暖後，晚上睡覺會開冷氣。現在則是開窗通風，不開冷氣，剛開始時，全身是汗晚上起來沖了好幾次澡，如今以然習慣，這又消除了睡覺時開冷氣的習慣。

這些技巧不但可以單獨運用，也可以聯合使用。比如，我每天走一萬步的同時，還聽MP3學語言以及在捷運上看書。這Combine了運動、學語言、看書及通勤等四個功能。同時，由於採用多走路少搭車策略，消除了不少搭乘交通工具的時機。

此外，全球雲端運算科技公司的成立就是先遭遇到了「顯需求」。總經理張治強在電腦前看了兩個小時的影片，兩眼發麻且腰酸背痛，他突然想：「若是能把電腦上的影像，無線傳送到客廳電視上多方便！」就這樣靈光一閃，接著，創意團隊採用Brain Storming。

腦力激盪會議相當成功，大家覺得不但可行，還有廣大的市場，於是投入研發。經過一年半的研發，UP機（電視聯網盒）誕生了。UP機在一個偶然的需求中開發完成，其背後的商機卻是無窮。

在網路時代，誰能讓網路從電腦延伸到客廳的TV，結合數位及娛樂產業，誰就能掌握無限商機。也因此，各國際大廠，都在搶攻此一數位家庭應用市場。如Google、英特爾、羅技、Sony便聯手推出Google TV平台，企圖融合網路功能與電視，爲客廳帶來接收網路數位內容的廣大市場。Google TV雖然來勢洶洶，其能否成功還有待觀察。然而，Google TV

之前的失敗者可是赫赫有名，正是每每推出新產品（如iPod、iPhone）都讓全球風靡的蘋果。蘋果在2007推出的Apple TV卻銷售低迷。甚至在2009年年底，名列CNET網站評出的十年來最失敗的30款科技產品之中，慘遭滑鐵盧。

HIPLUS的UP機的開發，爲這個難題找到了曙光。UP機開創一個電腦網路與客廳TV的「傳輸魔術」，透過一台迷你的電視聯網盒，可將電腦中的高畫質畫面無線傳輸約15公尺的距離，到電視上播放。任何電腦上的內容，都能在電視螢幕上顯現，讓人在大螢幕上享用無限的網路數位內容。

而後採用Another use此招，除了能傳輸到電視外，還可作爲其他用途，形成Local Network。這個隱藏的需求，因創意產品的開發，而得以被發現。之後郭曉藝採用Add及Effective這兩招，除家庭娛樂外，亦可運用在商務會議、學術報告、廣告、展覽等，一般商業會議或學術報告也都利用投影機或顯示器。試想若一場會議有多位報告者，還須切換電腦及插拔傳輸線至投影機或顯示器，既費時、費力、費資源（佈線）。

藉由HIPLUS的UP機，可輕鬆利用會議室中的投影機或顯示器將電腦中的文件或圖影利用無線傳輸呈現至大布幕或顯示器上，在交換簡報時，不用等待，One touch方式直接開啓電腦桌面上的程式，即可在不同電腦間各自切換，可高效率地完成每一場重要會議。

第 5 章

學習力與應執力

5-1 學習力

團隊學習

我在《學習已經落伍了—掌握知識管理》中提及，工業社會中，大量生產、大量製造標準化齊一性的產品。

教育著重於標準化、標準課本、標準作業及標準答案，形成了教育的方式爲主要訓練每一位學生標準及同樣的知識，於是重複背誦、填鴨式等教學方式一一出現。

由於一切都標準化，每個人都學習同樣的知識，學習分享的功能相當低，因此，個人學習成爲主流。是以，坐在書桌前，聽老師講課。課後，到圖書館或是回家K書，成爲學習的主要方式。

然而，從資訊社會進入知識社會後，社會多元變動快速，每個人所需要學習的知識更是日新月異因此，傳統單打獨鬥的學習型態已不符新社會的需求。在學習的戰場上，除了要會單打獨鬥，也要會團隊作戰。在企業或組織中，團隊合作才能解決問題。

團隊學習至少有三項優點。

1 相互砥礪。

一個人學習經常會怠惰。當有同學一起規劃進度看書時，會產生激勵效果。

2 分享別人的觀點，開發新的思維。

任何一門學科都有不同的切入點及思考方式。因爲每個人都有自己的思維模式，但如果採用某一思維模式過久，易造成僵化現象。

3 增強表達能力。

由於分工學習，每個人負責的科目必須學習講解給別人聽，強迫自己表達，自然有助於講解表達能力之提升。

我在擔任高雄空大校長期間，就指導過不少要放棄學業的學生，所以採取「團隊學習，分享學習」，讓他們完成學業而順利畢業。試舉其中一例：由於空大學生大部分都是在職工作者，所以只要選修四門課就相當吃重。

有一次，四位具公務員身分的學生來找我，跟我說：「讀不下去，課太多，太累了。」我跟他們說：「單打獨鬥，當然會累。」我幫他們再找了四個同學，八個人分成四組，各負責一門有興趣的課程。

從收集資料到研讀整理重點，然後將所整理的重點，分享給其他三組。採用團隊學習後，藉由分享學習，他們全都順利完成學業。

分享學習，學習分享

首先，要先定義「學習分享，分享學習」。柏拉圖與人討論議題時，經常會將討論的議題下「定義」。因爲，下定義後，可以有明確的基礎，做進一步的討論。

「學習分享」是學習如何分享大家的知識。這是以外在知識爲主體，也就是，學習如何有效率的分享他人的知識。

「分享學習」的意涵爲：將所學的知識，分享給大家。這是以自我爲知識主體的思維。思考如何將自我的知識，有效率的分享給大家。

在知識社會中，知識已成爲重要的「資產」，這種珍貴的「資產」有一個特性，就是沒有獨占性。亦即，甲擁有的知勢資產，乙也可以擁有。由於個人的學習時間有限，如果能善於分享他人的學習成果，將大幅增加個人的知識資產。

所以，學習分享在知識社會中，越來越受到重視。學習分享的主體是學習者本身。學習分享是學習者的一種能力，一種如何有效率從外界獲取或吸收知識的能力。

建立分享文化

如何將所學的知識或經驗，分享給大家，這是分享學習的重要課題。組織內部的分享文化，會影響組織成員彼此之間的分享成效。

一家影印機公司維修工作很重要，如果維修品質不好，會被顧客淘汰。由於維修人員經常出勤在外，公司有一間Tea & Coffee Room，讓維修人員，出勤回來後，有地方休閒聊天。後來，公司換了新主管，認爲維修人員回公司後，應該回辦公室。所以，取消了Tea&Coffee room。經過一段時間後，維修部門的維修品質下降。經檢討後發現，原因就出在，取消了Tea&Coffee room。

因爲，每個維修人員會遇到不同的故障狀況，在Tea&Coffee room休息聊天，其實扮演著分享遇到不同故障如何維修成功的功能。如果有十個維修人員，每個人可以分享其他九位的修護經驗，當然會增強修護能力，這些實際的修護經驗比教育訓練還有用，也顯示了「分享學習」的重要。後來，公司恢復了Tea & Coffee Room，經過一段時日，維修分享的功能就產生了。

建立分享文化，是分享學習的基礎。現在，許多公司引進知識管理系統，其中，有一個重要概念就是讓大家有效率分享知識的資訊環境。

5-2 學習「效率學習法」

許多學習者誤認爲學習效果的好壞與學生的頭腦優劣有關，跟學習方法沒有太大關係，這嚴重影響了選擇優良學習法的契機。我國推動教改目的就是要提升教育品質，只是提升教育品質的切入點甚多，如何有效率的提升教育品質才是重點。

美國Public Education Network and Education Week 全國民調指出——「改變美國教育的第一途徑，就是提升教師素質」。而且早再二〇〇二年左右就有多位教育學者的指出，教師素質影響學生的學習效果，因此教師素質將成爲學校聘任教師的主要思考。這也是爲什麼美國會制定「別讓孩子落後法案」（No child left behind Act.），其最優先原則，就是確保教師素質。

教師素質中最重要的能力之一，就是提供學習者優質的學習法。一位滿腹經綸的老師，如果教學生採用的學習方法沒有效率，學生的學習效果自然不佳。

我在《創意總比別人多》一書中，介紹了LEF（Learning Evaluation Function），即學習效率評估函數的觀念，也就是學習任何事物，都有許多的學習方法；不同的方法，有不同的學習效果。

針對不同的學習方法，我們可以評估其學習效果，這也就是學習效率評估函數ＬＥＦ的目的。例如，學習同一內容，有Ａ、Ｂ、Ｃ三種學習方法。ＬＥＦ就是用以衡量，達到同樣的學習效果，這三種學習法各需要多少時間。假設ＬＥＦ（Ａ）＝20小時，ＬＥＦ（Ｂ）＝十五小時，ＬＥＦ（Ｃ）＝1小時，那採用Ｃ學習法，將會是Ａ學習法學習效率的二十倍，是Ｂ學習法學習效率的十五倍。

以學日文爲例，一般起步都是要先學會平假名五十音，如果採用傳統的學習法，一般大概需要一至兩星期的時間，但若採用我在《一小時學會五十音》中開發的效率學習法，則只需要一個小時的時間。

另外，學英語先要記單字，但許多人都視背單字爲畏途，因爲死背單字實在是痛苦的一件事。教育部公布了二千個國中英文基礎單字後，我就出版了《兩千英文單字十日通》，提供有效率的記憶單字方法。

在知識社會中，必須重視學習方法的效率，學習才能「事半功倍」。效率學習就是提高「學習效率」，爲了讓學習「事半功倍」，許多國家已開發完成高倍速學習法。

各國已開發的效率學習法

●喬治・羅森諾博士開發出來的高速學習法，參加試驗採用該學習法的學習者，在一天內記住一〇〇〇～一二〇〇單字的成功率高達九十六%。

●英國布萊德利摩爾中學(Bradley Moor High School)採用的高速學習法，亦有驚人的效果。該校將學生分為兩組學習德語，一組採高速學習法，另一組則維持傳統的教學法，結果高速學習法的學習比傳統學習法效率高到六～十倍。

●日本學者野口悠紀雄開發「『超』學習法」，使用該方法學習英文及數學均有高度的進步。不少採用該方法的見證者表示，自己學習的速度及成積均大幅提升。

●日本教育工作者，曾任教育總合研究所所長的山本光明開發「快腦學習法」，接受該學習法訓練的學生，成績在一個月內均有大幅進步。另外，曾任教於日本東京工業大學的多湖輝教授提出的「快速用功法」，亦能發揮相當高的學習效果。

●軍隊中也有高速學習的浪潮，美國帝文斯堡(Fort Devens)的陸軍基地，採用高速學習法學習德文。負責該計畫的杜樂蒂(Dhority)博士將學習者分成兩組學習，一組採傳統學習法，另一組使用高速學習法，在課程結束後經過專業測驗，根據統計學家對兩組學習成績的比較，採用高速學習法成效為傳統學習法的六・六一倍。

●台灣有不少學者開發效率學習法。如王富祥教授開發的《數學基測，輕鬆拿高分！》、《24小時就愛上數學》、《歐吉桑ㄍㄨㄥ數學：數學原來也可以是醬子！》、呂宗昕開發的《學校沒有教的考試秘訣》，黎珈伶開發的《全腦學習萬試通》以及余佩貞開發的《一小時學會ＫＫ音標》。

●筆者長期提暢效率學習及記憶法，開發了《超倍速學習》、《引爆創意與記憶》、《神奇的語言學習法》、《一小時學會五十音》、《一小時學會片假名》、《一小時學會韓語發音─一天學會66句韓語》、《一小時學會22X22乘法表》、《『學習』已經落伍了─掌握知識管理》、《知識不是力量─培養思考力》。

朋友問：「爲什麼你會開發這麼多效率學習法？」

我說：「因爲我是老師，老師不開發效率學習法，那誰來開發？」

這也是我每次到各級學校演講，一直鼓勵老師們開發效率學習法的原因，此外，我採用創意的Combine來激勵老師。

我說：「同樣的課程內容，如果有一種教學法，讓學生可以用原來三分之一的時間學會，同時又學得很高興。這樣會不會提升對你們的教學成效及自我肯定？」

老師們都會回說：「當然。」

我會接著說：「我就是看到了開發效率學習法的同時會Combine以下功能，所以持續開發效率學習法。」

這些功能有：增強創新力；強化教學效率、快樂學習、自我肯定和發表出版。

首先，開發效率學習法一定是創新的教學法，這會產生兩個效益：其一，老師開發創意。其二，學生在創意教學的過程也會產生創意。

其次，由於教學效率增強，學習方法有趣，讓學習者學習有效率又快樂。比如，我在教日語五十音及韓語字母發音時，都在一小時讓學生學會，同時又學得很快樂，因爲學習方法很有趣。也由於教學讓學習者學得有成效，每次教學後都有相當的自我肯定感。

再者，好的教學法可以發表與出版，這都是教育工作者的學習成果（credit）。況且，如果出版書籍成爲暢銷書，也可以增加收入。

有老師說：「你說的很有道理，可是那麼容易嗎？」

我說：「這牽涉到創新力及下一個要介紹的應執力。」

5-3 時間管理提升學習效率

時間管理是當下非常熱門的話題，其主要內涵就是善用時間使其功能最佳化。

有不少人看我如此忙碌都會問我：「你一天睡不到五、六個小時吧？」這句話背後的意義就是，一個人睡得少，可用的時間就多，可用的時間多，當然事情就做得多。然而，這種觀點相當危險，因爲這種觀念可能會誤導時間管理的概念，甚至造成反效果。

朋友說：「時間管理不就是讓我們有更多的時間來運用嗎？爲什麼增加可用的時間，會產生誤導？」

我說：「先釐清一個概念，試想，時間管理的目標是什麼？是不是透過時間管理讓工作進行得更有效率？所以基本精神就是要讓整體時間的使用最佳化，也就是說，讓該時間所製造的生產量最高，而不是僅考慮可使用的時間長短。比如，如果甲一天睡四個小時，扣掉吃飯及休息時間二個小時，可能可以使用的有十八個小時，但因睡眠不足，所以生產力每小時爲四個單位，如此一來，甲一天的生產力爲七十二個單位。乙則每天睡八個小時，同甲一樣需要二個小時的吃飯及休息時間，一天則有十四個小時可以使用，其每個小時的生產力爲七個單位，甲一天的生產力爲九十八個單位。很明顯的，即使甲僅睡四個小時，乙則睡八個小時，但是乙的生產力還是比甲高，所以討論時間管理，必須兩樣因素都要考量，即時間的量與質。」

我在一次「時間管理」的演講提及此重點，演講後，一位父親帶著女兒來跟我說：「莊教授，你的講一針見血，解了我們的迷惑。我女兒爲了不讓我對她的成績失望，上學期開始每天少睡兩個小時，熬夜看書，可是成績未見起色，壓力反而越來越大。原來就是時間的量增加，但是時間的質反而降低，造成整體學習效果沒有增加。」他女兒說：「謝謝，我回去要好好改善，眞正活用時間管理。」

要活用時間管理要掌握兩項要件：量的開發與質的提升。

時間量的開發

富蘭克林的一句名言：「時間是構成生命的材料。」誰瞭解生命的重要，誰就能眞正懂得時間的價值。我們最寶貴的莫不是數十年的生命，而生命是由一分一秒的時間所累積起來的。若沒有好好善加利用，時間是永遠無法返回的。許多情況下「沒時間」通常是我們拒絕一些事的理由或是後悔的解釋，但我們眞的「沒有時間嗎」？

活用空檔時間

就算再繁忙的工作，偶爾也會有些空檔，例如會議比預期提早十分鐘結束、老師提早五分鐘下課、原訂三小時的車程提早半小時到達等。由於空檔時間無法預加，所以不少人就讓這些天上掉下來的時間流失了。只要懂得善加利用這些時間，都會產生良好效果。

善用間隙時間

間隙時間與空檔時間不同，它是原本就知道會有的零碎時間。比如，等車、上下課之間、午休、等看電影或等朋友吃飯等，千萬別再讓它們從指縫中溜走，任何的間隙時間都是學習的良機。

恩格斯精通自然科學、化學、植物學、語言學、政治經濟學以及戰術，還能說寫十幾種語語言，實令人佩服。在一八四八年，歐洲革命失敗後，恩格斯乘船從熱納亞赴英國，並在乘船的日子裡，每天記錄風向、海潮變化及太陽位置，從中學習航海的知識。反觀一般人可能因革命失敗而整日怨嘆不已，但恩格斯卻靠在這二十年裡把握間隙時間，學習軍事、航海的時間，因而成爲偉大的軍事家。

英國女作家艾蜜莉·布朗特，自小家境貧寒，她必須負擔許多的家事及家計，每天洗衣、揉麵、燒飯等工作讓她從早忙到晚。但她在廚房時，都會隨身帶著紙和筆，當她麵團揉累的時候，就把想到的靈感寫下來，就這樣一邊工作，一有靈感就拿出紙和筆寫下來，而這些紙上的內容就是家喻戶曉的經典文學名著《咆哮山莊》。

同步工作，擴張時間

許多人在工作時，一定會專注手邊的事，希望能儘速完成，以進行下一個工作。其實，許多的事是可以在同一時間內同時進行的，從事兩項工作可以提高效率。

像我早上起來，會做健身操運動，甩手功或仰臥起坐。我一邊作運動一邊聽MP3學語言除了健身又可學習語言。由於每天幾乎都要溜狗，所以溜狗時，會邊背古文詩詞。我在教時間管理課時，有學生採用我提供的這個方式，他說和跟弟弟每隔一天輪流溜狗，本來覺得很煩，但現在不會了，因爲可以利用這段時間背課文重點。

一時間內做一件工作的思維可以調整成一時間多工作了。亦即「一時間，一工作」改成「一時間，多工作」。

事前準備，節省時間

如果能養成提早在事前就準備好，而不是等事情快到了才匆忙準備的習慣，對於時間管理會產生正面的功能。

有些人早晨起來，因爲沒有將當日要準備的東西整理好，一早緊張地到處找東西，再匆匆忙忙去上學或上班。這不僅讓一天的情緒不佳，也造成時間的浪費。因爲，在睡前只要花五分鐘就可以準備好隔日要穿的衣物和要帶的東西，爲什麼要讓自己隔天東翻西找忙得不可開交？

如果你在睡覺前沒有先整理明天上班或上課所需的資料或物品的習慣，從今天開始，不妨培養這種提前準備的習慣。

此外，事前準備分析也可避開尖峰時間。同樣睡眠的時間，提早睡覺半小時，早上就可提早半小時出門，這樣可避開尖峰交通時間。假日出遊，也可提早出門，提早返家，避開尖峰時段而省下許多時間。

時間質的增強

時間的質主要就是考量該時間的單位生產量。一位程式設計師在精神奕奕時可能一小時可寫三十個程式指令，但在疲憊不堪時，可能只能完成十五個指令。影響時間的質因素很多，在此討論兩大類：個人的特性及睡眠的功能。

瞭解個人特質

每個人的生理時鐘及受環境影響的情況都會影響學習效果。

【生理時鐘】　每個人的生理時鐘不盡然相同，有些人在深夜讀書的效果最好，有的人則在清晨最佳，因此若要提高時間的質，就當先瞭解自己生理時鐘狀況，找出不同時段中的單位時間生產量，然後善加分配使用，使生產量達最佳化。

【環境影響】 每個人在學習時，若受到干擾當然會影響學習效果，有的人必須要在很安靜的環境才能靜下心來讀書，有的環境再吵也能怡然自得的讀書，而有的人則習慣邊聽音樂邊讀書。由於每個人受到環境影響的程度不同，要增強時間的質，亦該明白學習環境對自己的影響，以減少學習干擾。

掌握記憶曲線

一般人閱讀後，過二十四小時會忘掉約八十％，所以學習的策略就應採分散學習。比如，一週讀七本書，每天看一本看十四個小時的效果遠低於每天看七本，每本兩個小時。

善用睡眠功能

睡眠對時間的質之良窳，有著關鍵性的影響。《睡出活力》(Power Sleep)的作者傑姆・馬阿士(James B. Maas)就指出，睡眠的重要性遠超過一般人的想像，如果不注意睡眠讓睡眠缺乏，將大幅降低單位時間的生產力。一般人將睡眠的作用定位於生理上的功能，也就是人工作後，需要休息，以恢復體力。

【睡眠中學習】 馬阿士認爲睡眠的功能不只在恢復體力，睡眠有另一個在學習上更重要的功能，那就是腦神經聯結與重組。頭腦在睡眠時會將平日所習得的資訊進行整理、分類、儲存、重組與聯結，這等於是腦的自我知識有效重組及學習，因此如果睡眠不足，破壞腦的自我學習，將致使腦的功能大打折扣。

【快速動眼期】　馬阿士提出人類睡眠中分幾個幾近重複的週期，每個週期分成成淺睡、深睡及快速動眼期等階段，而影響腦的效率重組的關鍵階段稱爲「快速動眼期」(Rapid Eyes Movement, REM)，這個階段的睡眠如果欠缺，一個人的記憶、思考、分析及學習能力將會衰減消退。由於快速動眼期在每個週期中所占的時間並不相同，乃是隨著進入新的週期而遞增，因此睡八個小時的ＲＥＭ，並不只是睡四個小時的兩倍而是接近四倍。如果明白這個關鍵，睡眠的策略就該調整，因爲如果將八小時的睡覺時間切成兩個四小時，雖然表面上時間相同，但效果卻大異其趣。馬阿士認爲一個人一天至少要連續睡足八個小時，八小時大約會經過五次睡眠週期，每次週期的ＲＥＭ時間加起來大約九十～一二〇分鐘，可以讓人充滿活力有工作動力，這驗證了時間「質」的重要。

因此不要以爲熬夜工作或苦讀就是增加生產力，這樣的學習方式將導致反效果。好好調整睡眠習慣，一來，讓自己睡得更健康，更有活力；二來，讓睡眠時的ＲＥＭ時段中的腦，自我重組學習，才眞正能提升時間的生產力。

5-4 應執力

應執力融合兩種能力：運用知識能力及執行力。能有效率的學習知識是一件事情，而將知識轉換成力量又是另一件事情。有效率的獲得知識後，如何將知識轉換成力量呢？首先，就是前面提到的：思考力及創新力。經由思考力可以尋找出社會的新需求。再運用創新力開發出滿足社會新需求的idea。接著，要將這些創新idea落實成產品，這就是應執力。

運用力

如前所述，學習知識是一回事，如何運用知識是另一回事，舉個例子：我有一位朋友是公司的經理，他喜歡看書，在辦公室有自己的書櫃，擁有不少書。他有一位部下常跟他借書。有一天，總經理要大家提企劃案，這個部下提的企劃案得到總經理高度賞識。我這朋友問他的部下說，這麼會有這麼好的idea，讓總經理如此欣賞。他部下說：要感謝經理，企劃案中很多idea都是跟經理借的書中提到的，我只是加以運用而已。我朋友聽了差點沒吐血，因爲他看書後，擁有知識就沒下文了。但他的部下則知道要善加運用知識才會產生力量。運用的過程要：思考需求、找出需求，之後再開發滿足需求的創意。

以我開發22X22乘法表爲例。出版了《一小時學會22X22乘法表—數學好好玩》一書後，在各級學校推廣時，一開始很多人都不相信，但是經由效率教學方法，不但一小時學會，還學得很快樂。很多老師問我：是怎麼想到的？其實，就是活用運用力。有一天，聽一場演講，有位數學教授說：台灣還在背九九乘法表，這已經落伍了。英國已經在背12X12乘法表，印度跟韓國更已在背19X19乘法表。聽完後，我問在場聽講的來賓說：你們覺得如何？有人說：背19X19好厲害。有的說：學生背九九乘法表已經夠累了，要背19X19那不是更累。我跟他們開玩笑說，你們這些回答，就是沒有創新力及運用力的最好示範。

如第四章提到的，有創意的人會正面思考，既然人家已經在背19X19，那我們「輸人不輸陣」，更要超越突破。我就是在這個思維下，啓動創意開發，發現19X19不用死背。當我將19X19乘法表列出後，萃取出其中一些規則，善用這些規則很快就學會19X19乘法表，並不需要太多的記憶。比如，我在教22X22時會問19X12=? 19X13=? 通常大家都會愣了一下，然後，在以兩位數相乘的數學運算開始心算。這時候我會說：19X1N根本不需要兩位數相乘，只要個位數相乘就可以找到答案。也就是說，19X1N的答案可以從個位數9XN相乘的答案找出來。如，19X12=228，可從9X2=18找出答案。類似的，19X13=247，可從9X3=27找到答案。因爲，他們之間藏有一個規則，請大家尋找規則何在？這時候，大家腦筋動了起來，現場充滿各種想像。原本僵化死背的數學，突然成爲尋找隱藏規則的遊戲。各位讀者要不要也想一想？想一想後再往下看，這會增強萃取力。

我當初的想法是，如果要超越19X19那必須要進行兩件事。其一，要有效率的學習；其二，要比19X19高。如果沒有開發效率學習法，不但不會被接受，反遭排斥造成反效果。

現場來賓在尋找規則的過程，讓人很感動，因爲大家在動腦探索隱藏的知識，有的答案我都沒想過，讓我也學了不少。我萃取出來的規則很簡單。

首先，19X1N答案是三位數，百位數一開始是2。個位數爲9XN相乘的個位數。所以，答案就剩下十位數了。

因此，只要找到9XN的十位數與答案的十位數的關係，就可以輕易找到答案。請看，19X12=228，9X2=18；19X13=247，9X3=27。這時候，來賓就會有人興奮的說：我知道了，1變2，2變4。9XN相乘的十位數的兩倍就是答案的十位數之值。所以，19X14的答案百位數是2，十位數是9X4=36的3的兩倍爲6，19X14=266。同理，19X15的答案百位數是2，十位數是9X5=45的4的兩倍爲8，19X15=285。19X16的答案百位數開始變化，因爲9X6=54。十位數5的兩倍是10，所以百位數進位成3，答案就是304。

19X11=209	9X1=09
19X12=228	9X2=18
19X13=247	9X3=27
19X14=266	9X4=36
19X15=285	9X5=45
19X16=304	9X6=54
19X17=323	9X7=63
19X18=342	9X8=72
19X19=361	9X9=81

這時候，來賓都會很高興的說，原來可以學得這麼快、這麼好玩。我會說：我也是邊開發邊玩，玩中又發現上述的規則也可以用在：16X18、17X17、17X18及18X18，讀者可以自行試試。因爲好玩，所以萃取出此一規則後，又繼續發現好幾個有趣的規則，後來提升到22X22都可以很有效率又有趣的學習。

執行力

會思考，開創了偉大的想法，如果不能轉換成具體的行動步驟，一切將成爲空談。所以還要強調執行力，而執行力有五個階段：

❶ 確定要推動的目標。

❷ 訂定執行計劃。

❸ 思考各項執行細節。

❹ 執行計劃，並從執行中找出缺點改進。

❺ 達成目標。培養執行力會產生其他功能。

尤其在執行時，就會看到新的創新機會。

此外，光思考，並不會找到新的行動方式。但行動後，可能會發現到新的思考方式。

再以22X22乘法表爲例。運用思考及創新力開發出有效率的學習，像22X22是應用力。

此一階段，創新力及運用力衝刺達陣，但是如果沒有發表或出版，那只是個人的創新及運用技巧。如何有效推廣22X22，那就要將創新的idea轉換成有系統的知識，讓學習者易學易懂。其次，發表或出版成書籍才能竟其功，這階段則需要執行力。在我開發了22X22乘法表的idea後，發現傳統的數學學習法有許多可以創新的空間，於是，跟王富祥副校長一起開發出版了《一小時學會22X22乘法表—數學好好玩》。從idea產生到開發完成該書，我們共花了三個月的時間。書一出版後，所有的文字媒體隔天都有報導。有同仁問：「爲什麼可以這麼快就完成？」我回說：「就是活用了思考力、創新力及應執力。」

針對應執力做實例探討

●金剛經

大多數人對經文的印象是與人爲善，是探究人生提升心靈的精神糧食。然而很少人會相信經文的內涵可以運用在經商上，尤其知名的經文——金剛經。

麥可・羅區格西(Geshe Michael Roach)，他是一名受戒的僧人，學習二十二年的佛法得到格西(佛學博士)學位。麥可的另一個頭銜是美國安鼎國際顧問公司的副總裁，他將原本貸款五萬美金的小公司，經營成年收入一億美元的大企業。這兩個截然不同的身分，讓許多人很難想像這兩個麥可是同一個人。

爲什麼受戒的僧人會成爲大企業的副總裁?答案就是麥可具備相當強的「應執力」。

麥可在其著作《當和尚遇到鑽石》一書中指出，他會讓企業如此成功的原因就是，運用了知名的佛教經典—《金剛經》的知識神髓。也就是說，麥可點出，他運用並執行了金剛經的知識，讓公司業務蒸蒸日上，從不起眼的小公司成爲大企業。這也讓不少人的下巴差點掉下來，因爲一般人認爲佛經是出世的，是離開紅塵的。殊不知，佛教有許多精神是入世的，佛經中有許多的知識與智慧是可以運用在人世間的。

金剛經是佛教的經典書籍，許多人將其運用在心靈的修行。麥可則是除了心靈上的修行外，也運用在商業上並成功執行優異經營成果。

●三國演義

一般人看《三國演義》是爲了好看及消遣，其實擁有「應執力」這一爪的人，可用的功能就多了。以領導能力爲例，領導與用人是當代重要的能力。

科維在其暢銷書《與領導有約》中提到四種領導模式，這四種領導模式決定了企業的消長。有朋友說：西方的管理領導理論，很值得我們學習。我回朋友說：東方的管理領導不會比西方差，只是我們沒有善加運用罷了。

《三國演義》中就藏著許多領導及用人的智慧。日本經營之神松下幸之助說：松下成功之道盡在「三國」。日本許多企業都運用《三國演義》中的智慧來縱橫於商場之上。擔任過奇異公司總裁的傑克・威爾許就說過：延攬優秀人才最重要，只要人才對了，計劃及執行就會有好的方向，就能落實方案。

探討「三國」各領導人的用人哲學，可歸納出三種用人模式。

❶按規劃的手腳。

❷有範圍的發揮。

❸高度自主的發揮。

第一種模式，人被當成「手腳」。主管訂定計劃、下決策，員工按表操課，達成工作項目。第二種模式，認爲用人不只當成手腳，在一定授權範圍內，可以自行發揮。主管不訂定細節計劃，而是訂定目標，然後授權員工自主完成目標。第三種思維則認爲人是有無窮的潛能。不規定範圍，由員工自行開發各種創新力，然後讓員工告訴主管，他能爲公司做什麼。也就是說，管理者不思考要員工做什麼，反而問員工，能爲公司做什麼？這個模式就是讓員工成爲公司的「腦」。

創辦Uniqlo的柳井正就是採取此用人策略，讓他登上日本首富。

建功補教機構的謝莉莉董事長謝及朱祥祺主任，邀請我到建功演講「人才學」。爾後，每年尾牙都邀請我參加。謝及朱告訴我，運用了「人才學」，在少子化造成補教界的寒冬這幾年，建功卻年年業績創新高，可說是補教界的奇蹟。台北市補教協會總幹事張浩然，致詞時也津津樂道嘖嘖稱奇。這是應執力的另一個例子。

●奈米運用

從科學的角度而言，奈米是新興的科技。然而，從會運用奈米的產業而言，奈米科技可以帶給人們許多新的福祉及無窮的商機。比如，打球常會因爲全身流汗而不舒服，然而汗水卻不會沾黏在奈米布料製作的衣服上，因爲汗珠分子太大無法附著。同樣地，餐廳的地毯，經常會爲醬油或食物掉到上面而造成清洗的困擾，奈米製地毯就沒這個問題，因爲醬油及其他油脂無法黏附在奈米地毯上。

陳鴻源創立的大自然奈米科技能量公司，是將奈米運用在增進人類的健康。開發一系列的產品，如爬山腳底容易痠痛，穿上奈米鞋墊後，可以讓腳程加快、減少痠痛，因爲奈米鞋墊能促進血液循環並將痠痛排解。又如，低分子奈米能量遠紅外線負磁能光波纖維具有促進血液循環，防止靜脈曲張，促使老化廢物加速排除，以及改善皮膚品質等效果。所以開發了許多相關產品，來強化身體健康。

效學力與應執力的學習流程

1. 打破IQ決定論，建立方法決定論。
2. 學習效率學習的方法，增強學習力。
3. 閱讀新知後，應思考有何運用之處？
4. 想到可運用之處後，接著思考如何執行才能達成？
5. 訂定目標。
6. 訂定執行計劃。
7. 檢驗執行進度。

第 6 章
表達力

6-1 多種語言能力

在國際化浪潮高漲的知識社會，口語表達的對象經常是多元的，單一語言將失去競爭優勢。歐洲國家的人民大多可以說三種以上國家語言，因教改著名的芬蘭，在九年國民教育後，學生就可以講三種語言：芬蘭語、瑞典語及英語。現在由於中國的經濟掘起，華語又成爲全球新競爭優勢的語言，也因此，全球興起華語熱。日本各地開設華語課程班，美國高中將華語訂爲必修課程。因此，在知識社會中，會多種語言已成爲基本條件。

許多企業已將語言列入企業升遷的條件之一。

我教授未來學多年，早就呼籲語言的重要性，並指出語言能力將成爲個人競爭力的指標，尤其英文。現在無論是個人企業或是政府單位，語言能力佳的人都相對占優勢。

英業達集團從作業員、警衛到各級職員，都要會說英語或日語。通過不同等級的考試會得到加薪的鼓勵，會雙語有雙份獎金。

由於聯電的客戶大多爲外國企業，重要報告都用英文寫作。聯電的升等與英文能力有密切關係，即使專業能力升等條件已經滿足，如果英文能力未達標準，還是得等英文過關才能升等。差一個職等，不只是薪資與公司的地位，也差了股票的分配，一差就是十幾張的股票，英文能力的差距，已經成爲財富的差距。

不只企業，我國公務人員的升遷也將外語能力納入考量。談到國際化，鄉土語言也是國際化的語言。有一次，在國家研究院舉辦的鄉土語言教師研習營，我就指出，鄉土語言也是國際化的語言。這時候，大家笑成一團，有學員說：「這眞的太會掰了，尤其在這麼多教授鄉土語言的老師面前。」我回說：「不要妄自菲薄。鄉土語言是國際語言有兩層意義。首先，中國大陸各省的語言曾經是不同國家的語言。在秦未統一中國之前，不同省的語言其實就是不同國的語言，這有如歐洲不同國家的語言，很多地方是相通的。比如，義大利文與西班牙文的相似處頗像中國的廣東與客家話。」學員甲說：「我知道了，你的意思是，鄉土語言原來就是不同國家的語言，只是中國統一後，才被稱爲鄉土語言。」我回說：「所言甚是。」

其次，我又問：「爲什麼現在英語是國際化語言？」學員甲回：因爲英國曾是全球強權稱爲『日不落國』。」我再問：「那英語之前的世界語言呢？」學員乙說：「我來幫忙回答，應該是西班牙文吧？因爲英國之前是西班牙的無敵艦隊掌握海權。」我說：「沒錯！那西班牙文之前呢？」學員甲：「你的意思是中國語言？」我說：「正是！中國在唐朝、漢朝都是世界大國。甚至，在乾隆初期是世界第一經濟大國，國家的ＧＤＰ占了全球

1/3。爲了刺激國家經濟的活絡，乾隆決定興建圓明園。」

在漢唐時期，日本與韓國都派人到中國學習其文化及語言，而當時的語言是以「河洛語」及「客家語」爲主，只要會「河洛語」或「客家語」，日文及韓文已經有至少百分之三十的基礎。我出版了《一小時學會五十音》、《一小時學會片假名》及《一小時學會韓語發音－一天學會66句韓語》就是運用了當時中國語言的國際化，造成對日文及韓文的影響。我學日文及韓文相當快就是因爲我會說「河洛語」和「客家話」。學員乙說：「聽你說來，鄉土語言還眞有相當程度的國際化，這好玩。」我回說：「可惜的是，我們鄉土語言的教學觀念效果不佳。我早就爲文呼籲，並在《知識不是力量》書中指出，如果再不改變鄉土語言的教學方式，我們的鄉土語言將會消失不見，那眞的太可惜了。」學員們問：「那怎麼辦呢？」我回說：「我在《知識不是力量》有提出解決方案，這也是我到各地演講呼籲改變鄉土語言教學，以提升鄉土語言學習成效的原因。」

多種語言能力不限於不同國家，其實學習不同的語言，就會增加更多的語種。芬蘭的教育就非常重視語言種類，希望其國內能有較多的語種，因爲語種是文化的一支，多語種將增加國家的文化能量。認知到會多種語言已是知識社會的基本能力，下一步就是運用效率學習法去學習具備此能力了。

6-2 口語表達能力

會多種語言是一件事，能靈活使用及表達語言又是另一件事。**鋼鐵大王卡內基曾說，他願意用所有的財富換取滔滔的口才。**口才能力的吸引力及重要性可見一斑。在「一門多能」的理念下，學習口語表達及溝通能力的同時，會培養以下的能力，簡稱TALK：

●Think：

增強思考力，溝通與協調的前題就是出現問題。正確的思考問題之所在，才能有效的解決問題。培養思考力的方法如水平思考法或THINK UP思考法。

●Ahead：

許多問題是因爲沒有看到社會變遷，思維停留在舊時代，所以形成問題。培養前瞻思考，Look Ahead 的能力。

●Listen：

任何人都希望被關心。被關心會讓人產生溫馨與安全的感覺。聽他人講話的時，臉上的表情要有熱情及互動的感覺，這樣才會讓對方感受到關懷溫馨。

跟部屬或晚輩相處，要盡量以朋友的方式對話，不要以威權指導的方式相處，要有耐心傾聽，對方在表達時，不要打斷他的話，或是露出認為其是部屬不懂事的表情。這樣會讓部屬或晚輩產生不被尊重的感覺。

多傾聽不同的聲音，多得到不同的訊息，有助提升多元思維，增加人脈及EQ。

●Know How：

擅長於溝通協調的人，有著相當多解決不同問題的經驗，會增加解決問題的能力、創意及更多的know how。

學習口才表達可以同時獲得以上能力，但是，其條件之一是要具備以下的溝通態度。

6-3 注意溝通的態度

1 樂觀風趣的相處

培養幽默感，讓歡笑在生活中散播。

不知道大家有沒有這種經驗，參加一個好朋友聚會時，遲到了。進去後，卻發現大家笑成一團，會不會馬上受到感染？全家一起看幽默影片，會不會受到歡樂氣氛的影響？有機會和孩子說說笑話，或是找些好笑的故事講給小孩聽，讓全家人經常開懷歡笑。這對孩子在心靈及身體健康的成長有著強大的助益。

國外有推動歡樂療法，讓病患生活在歡樂的氣氛中，每天大笑多次。醫療成果顯示療效相當良好。有人會認為，幽默感是天生的不容易培養，其實不然。

我在《就是要你學會創意》一書中，就介紹如何開發幽默感的方法，不少讀者反應，採用該方法後效果良好，成為笑話俱樂部的一員。

我本身就會講四、五百個笑話。無論在上班、休閒或是用餐時，都可以聽到我不同的笑話，讓生活更歡樂更有活力。我回家後，偶爾都會講笑話給女兒聽，她聽完後，如果覺得很好笑會記下來，然後講給同學聽。

幽默的生活態度，除了增加歡樂氣氛外，也能提升人際互動。此外，在家庭中，也會增進親子關係，還可以增強小孩的幽默感。

2 以稱讚代替批評

凡是人都會被制約，且終其一生。讚美的相對方式是懲罰，無論是懲罰還是讚美，都會對人產生制約反應。

懲罰是消極作爲，也就是當人做錯事時，給予懲罰，讓他以後不要再犯。讚美是積極作爲，引導人做正確良好的事情，當事情達成之後，給予正面的鼓勵。

要知道，腦波是會相互感染的，當傳達讚美與鼓勵的語言或動作時，一個人的腦波也會受到影響。

如果一個人做得好，做得對，大家會給予正面的鼓勵與讚美，除了培養自我肯定與自信心外，亦會激發主動積極的人生觀。人是群居的動物，自我肯定對人的成長有著關鍵的影響。

3 以同理心相處

設身處地，與人相處。不要只站在自己的立場，也要站在對方的立場著想。

我們認爲的小事，可能是對方認爲的大事。

同理心會帶人進入以他人為中心的觀點，會拓展一個人的視野及多元的思維，也會產生自我改變的力量。同理心不僅能助人，也會引發自助的力量。一個會傾聽他人心聲並以同理心思考的人，其EQ能力也會逐漸強化。

我在演講口語表達時，會提出溝通的基本態度：「歡樂同尋解」。試想，爲什麼要溝通，因爲，出現了問題。溝通就是要解決問題，要解決問題，搞僵的氣氛是不易溝通解決問題的。

所以溝通要盡可能營造「歡樂輕鬆」的氣氛，「熱切誠懇」的態度。接著，以「同理心」站在對方的立場，一起來「尋找問題原因」，提出「解決方案」。

「歡樂同尋解」幫我溝通許多問題並處理了不少難題。

6-4 學習訓練口才的技巧

既然學習口才表達有許多好處，爲什麼許多人學習口語表達的成效不彰呢？

主要原因有二：

其一，就是沒有具備前面所說的溝通基本態度，要知道，一個口才再好的人，如果沒有良好的溝通態度，都會變成「巧言令色」或「油腔滑調」，河洛語則稱「王祿仙啊」。

第二個原因就是，沒有抓住口才表達的技巧訣竅。因爲技巧很多，但在無法掌握全貌之下，以至於學習成效不彰，最後錯誤的以自己沒有口才的天分收場，這樣的例子比比皆是，實在很可惜。

在此提出學習口才及演講的方法—Prepare A TOPIC，從字面上看是準備一個主題。任何溝通或演講必然有一個主題，而要進行溝通的人當然要準備好如何就這個主題溝通。我在口才研習班演講時，寫下Prepare A TOPIC 時，有來賓問爲什麼有七個大寫字母，是不是寫錯了？我說：眼睛眞利，然而沒有寫錯，這樣寫是有意涵的。大家猜猜看！有人就說：是不是每個大寫字母代表一個成功演講的步驟？我說：完全正確！Prepare A TOPIC 就是指要讓口才成功，需要遵循的七個步驟。

❶ Prepare 溝通或演講前的準備工作。

❷ Aim 目標，思考清楚溝通或演講所要達到的目標，而後訂定吸引人的主題。

❸ Technique 技巧，學習溝通或演講的各項技巧。

❹ Opening 開場，好的開場白是溝通及演講成功的關鍵。

❺ Procedure 程序，溝通或演講的布局及內容的安排。

❻ Interconnection。溝通或演講內容的連接與呼應。

❼ Closing 結語，好的結語會讓整個溝通或演講的成功產生加乘效果。

Prepare A TOPIC

- Prepare & Practice 準備&練習
- Aim 演講目標
- Technique 演講技巧
- Opening 開場
- Procedure 程序
- Interconnection 連結
- Close 結語

6-5 確定目標 Prepare Aim

一個成功的表達或溝通能否成功，第一個工作就是確定目標（Aim）。別認爲確定目標很容易。想想，有沒有以下經驗？開會時，經常有人發言，文不對題，偏離主題？這就是目標不清楚，造成結果越扯越遠，會議冗長煩悶。再看，有沒有遇到這種情況？聽了老半天，就是聽不出來這個人要講的重點是什麼？

所以，思考要表達的目標，回答以下問題：

❶爲什麼要表達與溝通？

❷要達到什麼功能？

這有助於目標之確立。目標確立後，下一個要思考的是要採用什麼樣的表達方式與內容，能讓被溝通者有效地吸收與瞭解。常言道，知己知彼百戰百勝。

從知彼上看來，就要先知道聽講者的背景爲何？就像跟美國人溝通要用英文一樣？同樣地，要跟不同背景的人溝通，就得用他們聽得懂的語言與表達方式，比如，我到長青社會大學演講時，會用相當多的鄉土語言，因爲有不少學員的華語並不是很熟。一個華語很溜的人，在長青大學演講不見得會受歡迎，因爲有些話根本聽不懂。又如許多教授常說：

現在的學生很難教。我想不是現在的學生難教，而是講課方式不見得適合他們。

首先是他們的用詞已有些世代差異。其次，他們的程度，早期的大學生錄取率是約十%，現在已達九十%以上，教前十%的學生跟教七十%或八十%的學生，講課方式及內容當然有所差異。舉一個更明顯的例子，在都會的選舉中，候選人大多採用華語演講。在鄉下地區則大多採用鄉土語言。為什麼？聽眾熟悉的語言不同，表達的語言也不同。否則，輕者會聽得「霧煞煞」，嚴重的則會「聽攏譙」。

在知己方面看，你準備足夠嗎？你準備的內容及表達的方式是聽講者所要的嗎？在準備階段有幾項主要工作：分析溝通者、瞭解溝通型態以及收集資料。

1 分析溝通者及場地

不同背景的溝通者，溝通的方式必然有所差異。越瞭解溝通者，將越助於採用最適當的表達方式。分析溝通者的各種要點，可參考下圖表。

場地型態也會影響溝通的成效。我每次

分析溝通者的要點
・年齡
・性別
・職業
・教育背景
・組織屬性
・宗教信仰
・人數
・場地

受邀演講，一定會提前到會場，觀察場地一般會遇到的場地問題主要有兩種：人少場地大或是人多場地大。

首先，人少場地大一般效果不佳，補救方式：請大家集中坐。有些來賓會不願配合，那也莫可奈合，所以主辦單位應掌握人數以安排適當場地。其次，人大場地大的問題，由於場地大，聲音傳播需要時間，所以演講者的速度必須放慢，才能使溝通品質良好。

2 瞭解溝通型態

溝通及演講型態類型很多，同樣的議題，在不同的型態中表達的方式可能不同。有些人士在某種型態表達得非常好，但是在另一種型態效果卻不佳，這就是因爲不瞭解型態轉移所致。溝通型態基本上可以將型態以人數分類：一對一單向、一對多單向、一對一雙向以及多對多雙向四種。

● **一對一單向**：這種屬於指導式的溝通，如有些威權式的老師或父母對學生與子女的溝通。這種方式在現在的社會雖然存在，但溝通的功能不大。除非被溝通的對象必須以威權方能成功，否則盡量少用。

● **一對多單向**：此類型就是屬於口頭報告或是致詞、演講等。在報告及演講過程，由報告及演講者掌控全程。基本上是單向，報告或演講完畢後，才會有發問的雙向時間。

●**一對一雙向**：現在親子或老師與學生單獨對話，也已經開始雙向溝通。父母及子女之間的溝通已從威權式指導，轉變成朋友間的瞭解與對話。電視或電台上的專訪也是屬於此類。

●**多對多雙向**：多人在一起對話，大家都有發言權。這發言權可以輪流，也可以由主席裁定，或是彼此之間搶話爭答。一群人聊天，開會或座談會，或是電視上的談話性節目屬於此類。在這種情況下，發言不能太久，甚至要搶發言機會所以表達的方式就必須抓住重點，言簡意賅。有些演講口才很好的人，上了談話性節目後，就容易走樣。原因就在於不同的溝通型態，溝通與表達的方式並不相同。

3 收集資料

一般而言，要表達或溝通內容準備越充分越好。以演講爲例，要準備一場演講大約需要準備演講內容十倍以上的材料，而後將這些材料消化整理，再進行條理組織，才能完成演講初稿。同樣的，要溝通一件事情，也必須搜集龐大的資料，並加以有效的整理，才有助於吸收消化並思考如何解決問題。平常如果養成收集資料的習慣，到了要用的時候，也會有意想不到的幫助。

6-6 口才表達技巧 Technique

完成準備階段的工作後，就進入TOPIC階段。首先是TECHNIQUE，表達溝通的技巧。學各種運動，都有不同的技巧。同樣的，學不同的才藝，也有不同的技巧。是以，學口才表達，當然要學習口才表達的技巧。

Technique

口才表達技巧要點

- Timing　掌握時機
- Example　善用例舉
- Classical　引經據典
- Humor　幽默風趣
- Number　引用數字
- Innovation　創新概念
- Question　思考問題
- Utilize analogy　運用比擬
- Environment　溝通環境

掌握時機Timing

掌握時機可分爲兩類：事件發生後的回應時機以及溝通過程的時機掌握。

1 事件發生後溝通的回應時機：

事件一發生，溝通的時機會影響溝通的成效。快速及主動的溝通，掌握時機，對溝通會產生正面效果。

我擔任行政主管任內，對任何學生或同仁的問題皆立即處理回應。相反的，延宕溝通時機，對溝通會造成負面效果。以校園發生霸凌事件爲例，許多學校都是因爲延遲溝通時機，而讓事件擴大。

2 溝通過程掌握時機：

擔任北教大校長到教育部開兩校合併會議時，杜正勝部長問我：「合併後，你校長任期未到，怎麼辦？」在所有委員都等看我的回應時，我即刻回答：「任期內任何時間合併，我校長任期自動終止，擔任教授，這是天經地義的事情。」

由於掌握時機立即回應，讓與會委員看到我的誠意，杜部長及委員會指示積極推動，接著在教育部呂木琳次長見證下，重新啓動兩校合併計畫。

善用舉例 Example

表達時經常會遇到抽象觀念。運用適當的例子，可以有效傳達所要表達的意涵。比如，談到創意中的逆向思考。從字面上，逆向就是反向。然而有些人就是沒辦法掌握其意涵。

我經常舉的例子，就是有位姓林的研究生來修我大學部的公共關係課程。我問林同學爲什麼要來修大學部的課，又不能算研究所的畢業學分。林同學說：「我人際關係不太好，有些人不瞭解我，經常有人誤會我。」我說：「如果是這樣，不用來上課，聽我幾句話，如果妳願意改，問題自然解決。」她說：「好啊，請說。」我說：「首先，妳的生命是妳自己的，天下間沒有人包括妳父母，有義務要瞭解妳。其次，逆向思考一下，別老是認爲人家誤會妳，想一想，爲什麼妳老是讓人誤會？是不是妳表達方式或行爲態度，容易造成人家的誤會？」林同學聽完，臉色很難看地跟我說：「校長，我是很尊敬你，才高位低修來修你的課，你怎麼這樣批評我？」我說：「我不是批評妳，妳回去冷靜思考我的話再回來跟我談。」

一個半月後，林同學來找我，跟我說：「校長，我當天回家後，整晚氣得幾乎睡不著。可是，後來我接受你的觀念。沒錯，生命是我自己的，我不該要求別人瞭解我。想通這點後，我就不會怪別人爲什麼不瞭解我，更神奇的是，我竟然會去思考，爲什麼我會這麼容易讓人誤會。我很誠懇地去問了幾個同學，同學們將她們的感覺跟我說，我將這些造成讓人誤會的原因寫下來，一個一個反省改進。我現在人際關係已有改善。」半年後，林同學笑瞇瞇地來找我，跟我說：「校長，我現在人緣變得很好，謝謝你的那席話。」

引經據典 Classical Sentences

任何表達都是人與人之間意涵的傳達，而許多類似的意涵表達，在人類的歷史上，已有很多的經典文句流傳。

如果能多記一些經典文句，在適當的情況下，善加運用就會產生相當好的效果。像是接待外賓時，有外賓會問：「聽說校長酒量不錯，不知究竟如何？」我會笑著回答：「但知人間有酒，不知醉爲何物？」

跟朋友談論團結的重要時，我常引用：一根筷子斷得快，兩根筷子好挾菜。（隱喻團結後更有競爭力，更有機會吃好菜。）

我應邀到大陸學前教育教育研究會演講幼兒潛能開發，由於研討會場要經過綿延的山區，當日剛好下過大雨，我跟與會的人員說：「這個景致讓我想到天仁茗茶。」大家以好奇的眼光看著我時，我說：「天仁茗茶的董事長李瑞河觀看了梁峰之後，寫了一首沁園春——梁峰抒懷，描寫著梁峰的氣勢與下過雨後的動人景色。偉哉梁峰，綿延千里，出沒雲間。看霧裡煙外，綠意盎然。春風拂處，靈芽吐香。細雨飄時，萬山酥潤，洗卻清塵露玉身。各位看，外面綿延無邊的山脈及青翠的綠葉，不正是萬山酥潤，洗卻清塵露玉身？」這時候，幾乎所有的人都對我比起大姆指，還有人說：「坐車坐了這麼久的車，本來很無聊，聽了這一段話，精神都來了。」這就是引用經典文句的效果。

另一個例子是發生在招生考試上。擔任北教大校長時，曾遇到轉學考試出狀況。學校轉學考試有個規定，要參加轉學考試的學生不能在原學校有1／2不及格的記錄。該次考試完後，發現有及格者但他在原校該學期有1／2不及格，那他為什麼能報考呢？因為該學校表示，有一科教師發現成績有誤，正在修正，所以不會有1／2的問題，只是修正成績需要時間及開會決議，所以最後資料送到學校時已超過報名考試的期限，因此在資格的認定上出了瑕疵。

當時是我主持招生委員會的，原本有些委員都認為不該錄取，因為有爭議。我表示，尊重多數決的意見，但建議聽聽更多的意見再決定。當時該系的系主任極力爭取該轉學生應該錄取。於是我先詢問：若錄取會不會影響原有名額，讓原先錄取的學生被刷下來？如果是這樣，那就不能錄取，因爲，會影響其他考生權益。結果是還有名額，不影響考生權益。因此我認爲既然沒有影響其他考生權益，那就回歸考試條件本質討論。若條件符合，只是程序時間上的延誤，是可以在招生委員會上決議的。

我還舉了明朝開國皇帝朱元璋的例子。朱元璋登基後，首次恩科會考，公布榜單後，全都是南方學子。造成北方學子忿忿不平，認爲典試不公。朱元璋大怒，要辦典試大員。由於朱元璋頗重視劉伯溫，就去請教劉伯溫，劉伯溫說：「開國前，戰亂頻繁。戰事大多在北方，南方相對安定。其次，此次科舉取士又在南方，所以北方學子奔頓，南方學子以逸待勞，當然對南方學子有利。」朱元璋聽後，讓全朝重要文官對所有試卷再閱卷一次，發現成績跟原本放榜的一樣。朱元璋再去找劉伯溫，劉伯溫跟他說：此次恩科取士是「朝廷在考天下」，但同樣的「天下也在考朝廷」，看朝廷怎麼處理此事。朱元璋於是在北方加考一場恩科取士，解決了這次的大紛爭。

我在表決前就跟與會委員說：這次考試也一樣，我們在考天下學子，天下也在考我們怎麼處理這個問題。最後投票結果，這位同學順利進入本校。會議結束後，有幾個同仁跟我說：「我說的那句話：『天下也在考我們』，感動了他們，讓他改變決定。」

幽默風趣 Humor

輕鬆及幽默的氣氛對溝通會有良好的效果。春水堂珍珠奶茶的誕生，就是有人買了粉圓後，大家笑鬧地將粉圓加入奶茶，結果開創出珍珠奶茶的領先事業。

我在演講或是上課時都跟現場的人說，不要把我當成講課的嚴肅老師，把我當成隔壁朋友在跟你們談天說地。

風趣的態度會拉近與溝通者的距離。

我高中讀夜校，大學聯考考三次，考第三次才考上成功大學，後來卻打破國家記錄，五十歲前擔任過三所大學校長，成大70週年校慶，邀請身爲校友擔任大學校長的我回去共襄盛舉。同時，系上邀請演講，我回去演講時，學弟妹們很捧場，座無虛席。演講完，學弟問我，學長，你知道爲什麼主任邀請你回來嗎？我說，我在外面混得還可以，所以才邀請我回來吧！學弟說，這不是主要的原因，主任告訴我們，像學長你，聯考考三次才進成大，在系上成績也不是很好。連你這樣的人都可以有今天的成就，我們應該更沒問題。請你回來，是要我們對自己更有信心，對未來更有希望！這時候，全場大笑。

我在師大開「口才與溝通」課程時就強調幽默的溝通效果。要指出的是，幽默感是可培養的。可以進行以下四項：1．收集幽默故事或笑話。2．學習及分析收集的笑話。

3．將收集的笑話講給他人聽。4．改編原笑話或運用創意創造新笑話。

引用數字 Number

假設，要表達台灣生態的多樣性，用以下兩種方式，哪種比較有說服力及吸引人？

❶台灣有很豐富傲人的物種。

❷台灣島上物種的密度是全球平均的一百倍。海上物種的密度是全球平均的四百倍。

我到各地演講效率記憶法時，以往的說法是我背了很多文章及詩詞。後來，我就準備了一百篇詩詞及文章，如《師說》、《短歌行》、《出師表》、《陳情表》、《朱子治家格言》、《阿房宮賦》、《長恨歌》及《琵琶行》等。讓現場來賓點任何一篇，然後，背給大家聽，每一篇都可以背九成五以上。後者由於引用明確的數字及文章，造成相當的注目。

創新觀念 Innovation

社會變遷，口才表達方式也持續變遷。活潑生動創新的表達法，才能吸引人強化表達效果。可以運用BE CREATIVE 創意開發法。

試舉一例，運用Transfer一招。有一個企業的董事長從不買保險，再厲害的保險員去都鎩羽而歸。有一位保險員研究這位董事長的興趣，發現他很喜歡跟人打賭，而且「賭性堅強」。她去找這位董事長，董事長看她的名片後就表明他從不買保險。她跟董事長說：「我不是來推銷保險的，我是來跟你打賭的。」這時，董事長眼睛一亮，說打賭我一定奉陪，賭什麼？」她說：「賭金一百萬，賠率100:1，賭你一年內不會死，死了我輸一百萬，沒死你輸一萬。」董事長說：「100:1的賠率，賭了。」這時候，她就拿出保單，讓董事長簽賭約。保險從另一個角度，就是賭博，這位保險員成功地運用了功能轉移這一招。

再舉一例，我就任台北教育大學校長，召開與台大合併會議時，有老師提出北教大是師院龍頭，爲什麼不繼續維持龍頭地位？我回答：「教育體系現在有兩大龍頭：師大及政大。我們可以從政大附中及師大附中的排名一眼看出。然而，我們跟台大合併後，成爲台大教育學院及人文藝術學院，我們就是全國教育及人文藝術龍頭。」講完後，大家的發言就朝向積極合併。

思考問題 Question

思考要溝通表達的問題，找出問題，才能提出因應方案。可以運用THINK UP思考法，找出問題所在。這點很重要，因爲如果思考問題的方向錯誤，那再多的溝通都是枉然。

比如，天下雜誌訪問我：「如何保持健康的體重與身材？」我問：「爲什麼問這個問題？」因爲，台灣已有五十％的成年男子過胖，這是國家的健康危機，尤其因爲五十％成年男子過胖，衍生出健保給付增加兩百多億。我首先回答的就是：「要先將問題找出來。爲什麼會有越來越多過胖的人？」不將問題找出來，是無法對症下藥的。

另一個是在第二章探討的問題——少子化。政府要找出少子化的原因，然後對症下藥。試問，爲什麼會少子化呢？

‧結婚年齡延後。

農業社會約十六～十八歲結婚，因爲農業社會的競爭力是「勞力」，十六～十八歲就具備生存競爭力，可以「成家立業」。進入現在的知識社會，知識是競爭力，知識的培養時間越來越長，得以「成家立業」的時間自然延後，二〇〇八年的結婚平均年齡：男性三十一‧一歲，女性二十八‧四歲。結婚年齡延後，自然可以生產的時間就會縮短。

‧女性不願下嫁。

國人的觀念，女性要嫁給比自己社經地位高的，不然至少要門當戶對。在知識社會中，女性的競爭力不低於男性，女性的社經地位遠超過農業社會，這會造成高社經地位的女性不易找到對象，而寧可單身。

・育兒成本提高。

在農業社會養兒育女的費用低，然而在知識社會中，專家估算，養小孩到成人約需五百萬。五百萬對受薪階級可是相當大的數目，這造成了農業社會的「養兒防老」不但不可能，相反的，還可能因養兒壓垮自己，所以不少人選擇不生小孩。將養兒育女的錢省下來，老的時候還有點保障，這形成了「不養兒防老」，甚至有人「寧要房子，不要孩子」。

・減少養育壓力。

不只是五百萬的負擔，從小孩呱呱落地到長大成人，其中的扶養、照顧、安全、教育等問題，都會帶來許多壓力。房價過高、詐騙集團橫行，再加上許多人在職場上已經有許多壓力，這也會降低生兒育女的意願。

還有不少原因，限於篇幅不多贅述。政府應該針對這些造成「不孕」的原因，找出藥方，以提出解決問題的公共政策，才能扼止乀型社會危機的擴大。

除了鼓勵生育外，政府還可進行以下政策：第一，推動移民入台；紐西蘭及新加坡都大力推動移民，吸引優秀的外國人民到他們國家，以紓緩人口老化；第二，延後退休年齡。退休人口越多，國家財政越艱困。

運用比擬 Utilize Analogy

用一般人已經很清楚的概念，比擬說明新的觀念，可以更有效的讓人瞭解。

比如，我在教授未來學時，經常引用「移民」的概念來說明瞭解未來的重要。因爲一般人對移民到其他國家有很清楚的概念，由於不同的國家有不同的社會、文化及競爭力，要移民到新的國家要有許多準備工作。我稱爲「空間移民」，然後再提出「時間移民」的比擬概念。

在社會快速變遷的情況下，隨著時間的過去，社會持續在變遷，變遷到一定程度就會形成新社會。像人類從農業社會移民到工業社會，從工業社會移民到資訊社會，現在又移民到知識社會。想想，要移民到新國家、新社會，要不要準備？這時候，同學們會回答：「當然要！」我會接著說：「那移民到未來的新社會要不要準備？」同學們會笑著回答說：「老師，我懂了。」

善用環境 Environment

不同的場地型態，要採取不同的策略。

首先，以講課爲例。我每次演講大多會提前到達，而後觀察場地。因爲場地的環境會影響演講的效果。基本上我不會只站在講台上，我通常會到第一排來賓前面適當的位置進行演講。來賓，假如坐太分散，我會請大家靠攏坐在一起。這時候，我會聽衆說，這是爲大家好。因爲，聽講時腦波會相互影響。聚集坐在一起，聽講效果會更佳。

這是另一種環境影響。很多來賓聽講完跟我說，效果眞的相當不錯。我說，既然花時間來聽演講，爲什麼不讓效果更好呢？大多數的來賓都能接受我的建議。

再以結婚致詞爲例。經常受邀到結婚典禮致詞，我都會早一點先到會場。雙方主婚人看到我都會說：「不必這麼早來。」

我會早到是因爲我會根據不同的場地、座位安排及布置，調整我的致詞方式與內容。比如，有一次在五樓舉辦婚宴，致詞中我就提到在五樓是因爲祝大家五福臨門。若是六樓就會說，參加完婚宴，整年六六大順。

接下來要介紹的就是Opening、Procedure、Interconnection及Closing。主要討論的方向以演講爲主。

6-7

演講者開場 Opening

如果演講沒有介紹人，演講開始時，來賓有的可能還在聊天，有的還在談上一場演講的內容。因此，開場白是一個演講者與來賓建立起溝通橋樑的關鍵。注意的是，引發注意的時間不宜過長，引發注意後，要適當地轉入主題。開場白的時間，宜控制在演講時間的五%～十%之內。開場白的兩個重點：引發注意與導入主題。

開場白的演講方式相當多，在此介紹十種引發互動；

開場白的十個方式

❶ 講一段讓人驚訝的話。
❷ 講一個震撼人心的數據。
❸ 講一則動人的故事。
❹ 引用一段名句。
❺ 講一個笑話。
❻ 問來賓問題。
❼ 與聽眾利害結合。
❽ 舉一生動的例子。
❾ 延續性的開場。
❿ 逆向開場。

6-8 布局與連結 Procedure & Interconnection

演講要能動人心，除了有好的開場外，布局更是重要。

由於演講是由演講者主講全場，演講的內容，一般而言相當多且豐富。就像一本書或一篇長篇文章，如果沒有良好的布局，重點四散，彼此又不銜接，那讀者越讀會越糊塗。

演講也是一樣，如果沒有妥善布局，整場演講沒有重點，演講的主軸不能連貫、條理不分明，整個結構有如一團義大利麵，那空有好的內容，也不會有好的演講表現。

布局的方式

爲了達成演講及溝通的目標，演講者一定要善加運用演講的布局，來達成目標。

布局就是將演講內容進行恰當的安排，以期能達到演講的效果。

有人問我：「演講的內容甚多，所以演講者一定要將內容分割成幾個區塊。這幾個區塊的編排是不是就是布局？」

我說：「這是一般的布局。眞正的布局，考慮的不是將要演講的內容分割，相反的，在演講內容還沒有準備之前，就要先佈好局，然後，根據所佈的局去找適當的內容。」

布局有幾個重點要注意：

❶要能突顯演講的重點，貫穿主軸。

❷在演講架構方面，適當劃分重點，讓段落分明。

❸各個段落之間要能起頭震撼、前後呼應、結論回顧之後再貫穿全場。

布局的介紹除了以不同的演講來分析外，我們也選了知名的文章來進行分析。

我上演講溝通課程問同學文字的定義，有人說：「象形符號。」有人說：「記載事物。」有人說：「溝通傳達。」我說文字有一個定義是「劃破萬古的寂靜，溝通不同世代人的心靈」。

文字沒有發明之前，不同世代的人除了口耳相傳的詩歌外，幾乎無法溝通。文字就是溝通不同世代人的重要發明，而文章是作者以文字進行心靈溝通的演講，所以選了幾篇布局相當好的文章來介紹布局的方法。

一般的布局方式有：列舉陳述、列舉階昇、關聯銜接、分進合擊、破題論理、逆向拉回、同理轉移以及無關轉入等八項，以下分述之。

1 列舉陳述

列舉陳述是最常用的方式。將要演講的內容，分割幾個主要的重點，然後將這些重點，一點一點的講出來。這種型態的布局，通常彼此間的關聯性低，那各個重點的順序就不是很重要。

魏徵的《上太宗十疏書》就是屬於此類。魏徵將要諫唐太宗的意見分十點列舉，再各別闡述說明。通常長官交代事項的演講也是屬於此類。這類的演講會將所要傳達的事項，一一列舉後再一一講出。

不過，這種方式也較容易讓聽講者睡著。我在當兵時就經常聽到長官演講：第一點，第二點，第三點，最後一點，補充一點，還有一點……還沒講完，就有新兵昏倒在地了。這種方式較為枯燥，應該配合其他方式進行演講，否則保證台下哈欠連連。

2 列舉階昇

這種型態有點像列舉陳列，還是將所要陳述的一點一點列出，但是不同的是，列舉陳列各點之間較為獨立。列舉階升則有累積各點演說能量的感覺。也就是說，每說完一點，進入下一點時，前後點的力量持續增加。

比如在演講多專業的重要時，有時候我會說：

擁有零項專業，將會淪落街頭；

擁有一項專業，可以養活自己；

擁有兩項專業，可以養家活口；

擁有三項專業，可以開創事業……

將擁有多專業的重要性一步步加強，讓聽眾更清楚整個演講的主軸，不會感到乏味。

3 關聯銜接

關聯銜接顧名思義就是將整個演講內容分割成數個的區塊，而各個區塊間的順序則按照關聯性進行編排。

比如，演講「智慧財產三法」時，將「著作權法」、「專利法」及「商標法」分割成不同區塊。在演講的過程將這三個法案按照其關聯性進行演講。又如，演講「兩性關係」時，討論婚姻的制度。從母系社會沒有婚姻，到父系社會的一夫多妻，而後一夫一妻等。

舉楊國樞教授在台大演講「四十年一覺學術夢」的例子。他將演講中的另一重要部分劃分幾個階段如下：

1959–1966 我探討心理學之「山」何在

1967–1973 我看心理學是，看山是山

1974–1980 我看心理學是，看山不是山

1981–1982 我看心理學是，看山又似山

這種分割法，相當程度的吸引了演講者的注意，也串聯了整個演講的理念。所以是個相當成功的演講。採用這種演講方式時，因爲有前後變遷的關聯，多下些功夫介紹變遷的過程及原因，會引發聽衆較高的興趣。

我在演講「文學與人生」時，提到文學的重要功能之一是：撫慰及昇華心靈。我經常舉蘇軾的文章作比喻。因爲大多數的人都知道蘇軾是很豁達、瀟灑的人，其實，他也曾經很痛苦傷悲過。只是他因爲超脫的心靈，而從苦痛中走出來，甚至昇華成爲千古名作，傳頌千古。蘇軾二十二歲就考中進士，皇上對他極爲賞識，當時可謂意氣風發，爾後因與王安石不合而被貶。尤有甚者，被陷入獄。其內心的轉折過程，我在演講時，就採用關聯銜接鋪陳整場演講……

關聯銜接

- 意氣風發。
- 志氣消沉。
- 反思宦途。
- 進退皆宜。
- 物我合一。

【意氣風發】蘇軾才氣縱橫，當時在朝位居高位的歐陽修都稱譽蘇軾之才說：「吾當避此人出一頭地。」當時宰相韓琦對蘇軾的看法是：「軾之才遠大器也，他日當爲天下用，要在朝廷培養之，使天下士莫不畏慕降服……」

【志氣消沉】受朝廷重用多年，卻因烏臺詩案，被判刑下獄，差點人頭落地。在這個被陷害的過程他寫了：「世事一場大夢，人間幾度秋涼，夜來風葉已鳴廊，看取眉頭鬢上。」入獄後更寫下：「心如已灰之木，身如不繫之舟。」心中的悲悽與抑鬱躍然紙上。

【反思宦途】而後皇上惜才，減免其罪，將他釋放後貶到黃州。他從高位至下獄淪落到被貶，嘗到了人間的冷暖，也開啓了對權位的新觀點。寫出「常恨此身非我有，何時忘卻營營？夜闌風靜縠紋平。小舟從此逝，江海寄餘生。」這觀點對權位是看開的，但人生是消極的。

【進退皆宜】蘇軾就是蘇軾，不可能因爲打擊，就打垮他原本豁達的人生哲學。隨者歲月及人生的歷練，蘇軾進入另一個階段。寫下了《定風波》，其中一段「微冷，山頭斜照卻相迎；回首向來蕭瑟處，歸去，既無風雨也無晴。」而後，體會人生浮沉，皆是自然「水光瀲灩晴偏好，山色空濛雨亦奇，欲把西湖比西子，淡妝濃抹總相宜。」這有點道出受皇上寵，官居要歌，與不受寵，貶到地方，都各有其樂，亦即進退皆宜。

【物我合一】　蘇軾原本就對人生的體認有相當的慧根，思想飄逸瀟灑，才會寫下「人生到處知何似，恰似飛鴻踏雪泥；泥上偶然留指爪，鴻飛那復計東西……」在歷經人生各種試練後。進入物我合一的境界。在《前赤壁賦》中：「蓋將自其變者觀之，天地間曾不能以一瞬；自其不變者而觀之，則物與我皆無盡也，而又何羨乎？」

4 分進合擊

由於演講內容有時候有許多面向，這中間各有獨自的觀點，但是，整合以後，可以達成演講的目標。在這種情況下，演講內容的分割方式，就可以採用分進合擊。

以《陋室銘》爲例。「山不在高，有仙則名；水不在深，有龍則靈。」這兩句指的是山與水的重點不在高及深，而是有沒有仙及龍。(暗喻自己)，然後點出「斯是陋室，惟吾德馨」。《陋室銘》採用的布局就是分進合擊。《陋室銘》的目標就是要傳達，作者個人才華滿腹，但是淡泊名利。只是因爲劉禹錫還是認爲自己有傲人的才華，才會以「山不在高，有仙則名，水不在深，有龍則靈」，以此當開場，而後採用各種明喻、暗喻，或是直接表達自己才華，分進合擊來達成所要表達的意涵。

沙鷗企業董事長傅大川邀我爲《華爾街》寫推薦序，則是另外一個分進合擊的例子。其內文是：狄更斯觀察其年代而留下的名言：「這是最光明的時代，也是最黑暗的時代。」狄更斯若看到《華爾街》對美國及世界的影響，一定會說「這是最光明的街道，也是最黑暗的街道。」

這條華爾街的設立，在民主上，引發了共和及民主兩黨的形成。在經濟上，由於其籌措資金的巨大能量，讓美國快速現代化，讓美在進入廿世紀的第一年，超越英國成為世界第一大經濟體，且持續至今。這是其光明面。

然而，華爾街也曾多次引發經濟風爆，影響世界最大的一次就是雷曼兄弟的倒閉，造成全球金融恐慌及經濟衰退。這是其黑暗面。多瞭解華爾街，會更能接近光明面。不瞭解華爾街，就可能被黑暗面吞噬。請看《華爾街》！

5 破題論理

這種布局主要分為三個階段，開門見山點出問題，然後根據邏輯推理找出造成問題之因，並提出解決問題的方案。

比如，我在演講如何挽救鄉土語言時，就是採用此種布局方法。

首先，點出問題。提出我國鄉土語言流失情況嚴重，再不改正目前的鄉土語言政策，我們的鄉土語言將會滅絕，這將會減少我們的語種及多元文化資產。

6 逆向拉回

這種布局相當高難度，沒有處理好，會有反效果。類似的方式有幾個簡單的例子。

高玉樹當台北市長時，那時候還是極權高壓的戒嚴時期，有一年的晚會上，他說：「明年的國慶，我要把總統府上的國旗拔下來。」這時候，全場都快嚇昏了。講這種話不槍斃至少也要坐幾十年牢。沒想到，高玉樹冷靜地接著說：「我要把拔下來的國旗，插在南京城上。」這時候，不僅緊張全部消失，更引來全場如雷的掌聲。

鄧小平也是高手。鄧小平在推動改革開放，要送兩萬名留學生到外國時，遭到很大的阻力。那時候，重要的會議上，不少高階幹部砲聲隆隆，持反對意見，認爲這些留學生到了國外，因爲國外的高所得及生活水準，拿到學位後，一定不會回來，送這些人出去，是浪費國家資源。鄧小平說：「你們說的有很多地方我都接受，他們可能不會回來。但如果不送他們出去，我保證沒有一個會回來，因爲沒有人出去。至少送出去後，有人會回來。回來一個算一個，回來兩個算一雙。此外，如果畢業後不馬上回來，慢一兩年回來也可以啊！再慢，畢業五年十年後回來也可以啊！各位，等他們畢業後五年十年，我們已經執政十多年了。如果我們執政十多年，還不能讓國家進步，還不能吸引他們回來，那是我們的錯。你們有沒有信心，好好執政，吸引他們回來？」這時候，全場沒有人再有反對聲音。

想想，誰敢在當權者前說，自己沒有信心將國家治理好？這就是「逆向拉回」的典範，現在，大陸許多重要的領導幹部，就是當時鄧小平送出去的留學生。如果沒有當時鄧小平的口才，大陸的改革發展可能沒有今天的速度。

我擔任台北教育大學校長時，有一次的畢業典禮上，畢業生代表致謝詞時，有過半的時間都在批評學校，這是師範院校從沒發生過的現象。致詞後，整個典禮氣氛凝重。我接著說：「公開批評學校，是違反校規的。致詞的同學畢業證書還沒拿到吧？」這時候，在場的同學有的緊張地說：「不會吧？」就在大家情緒更緊張的時候，我說：「別緊張，以前，批評學校是違反校規，現在本校改制大學，大學本身就有接受同學批評的肚量及雅量。我們現在為勇於對學校提出建言的致詞同學鼓掌。同時，也讓在座的貴賓及家長感受本校開明的校風。」

講完後，現場氣氛完全改變。

有一次，在高鐵上，遇到一位畢業生家長，她跟我說：「她認得我，因為她參加了那次的畢業典禮，讓她相當感動，且對學校的開明作風印象深刻。」

7 同理轉移

同理轉移是溝通及演講的重要布局方式之一。同理轉移運用在要溝通的對象原本的想法與自己幾乎完全相反，此時若溝通者或是演講者採取的是直接論理的方式，可能不但沒有效果，還會有反效果。

戰國時代，趙國太后新掌國政，秦國出兵攻趙，趙國向齊國求助，齊國表示要出兵可以，但是趙國必須將長安君(趙太后之子)送到齊國當作抵押。趙太后愛子心切，不願答應。許多大臣力建議答應送長安君到齊國，以讓齊國出兵。太后生氣地跟左右說：「不要再提長安君當抵押的事，如果有人再提長安君的事，我就當面吐他口水！」

觸讋是趙國老臣，他認爲應該送長安君到齊國，但是他不採用直接辯論的方式，因爲，如此一來，可能被吐了口水，還達不到目的。他先以年紀大後身體狀況變差，來問候趙太后，爭取相互關心的感覺。而後，再說他有個最小的小孩才十五歲，他非常關心這個小孩，希望能在他沒有離開人世前，請趙太后給他個適當的職務。

這時候，趙太后產生了同理心，感受到有人跟他一樣愛護小孩。所以趙太后問觸讋：「你也這麼關心小孩？」觸讋說：「愛得才深呢？」趙太后說：「我也是啊！」觸讋接著說：「我看你並不是很愛長安君。」趙太后：「怎麼會呢？我爲了不讓他被抵押到齊國，我可是得罪了許多大臣。」觸讋說：「我愛我的小孩，我必須在我離開世間前，請妳幫忙給他適當職位。因爲我知道，我一走後，我小孩將無依靠。同樣的，如果你今天，不給長安君一個爲國家奉獻出力的機會。將來妳走了後，長安君在國家的地位能保住嗎？所以我認爲妳愛長安君不如我愛我的小孩。」趙太后聽後，相當動容。

嘆道，年紀大了，見樹不見林，遂下令讓長安君到齊國，齊國也如期出兵，解決趙國被滅亡的危機，長安君也因此爲趙國立了大功。

8 無關轉入

無關轉入就是從完全沒有關係的開場後，轉入要強調的主題。這一招必須要有相當功力，才能竟其功。范仲淹的《岳陽樓記》是此類型的代表作之一。

我在公眾演講課時，問大家：「范仲淹在《岳陽樓記》要跟大家說的是什麼？」有同學會說：「『先天下之憂而憂，後天下之樂而樂』嗎？」試想，這跟岳陽樓有什麼關係？我這樣說時，大家會愣住，覺得好像眞沒什麼關係。我再問，既然沒有關係，那提岳陽樓幹麻？這時候，同學想得就更久了。好好思考一下，就會瞭解岳陽樓記可說是「無關轉入」布局型態的上品。除了《岳陽樓記》外，《琵琶行》也是「無關轉入」的佳作。

我在師大開「口語表達」課程時，問同學：「《琵琶行》這篇文章中，印像最深刻的是那一句？」大家都回答：「同是天涯淪落人，相逢何必曾相似。」大家想想，這句話跟描述音樂的琵琶行有什麼關係？這又是運用「無關轉入」的另一個例子。

6-9 結語Closing

結語等於是一篇文章或一首歌最終的精華，好的結語對整個演講有加乘的效果。結語如果不佳，即使原來有好的開場及內容，都會因此而大打折扣，結語的重要性可見一斑。

由於結語是演講的一部分，也是演講的一種型態，因此開場白的技巧以及演講的技巧，都可以運用在結語中。結語不宜太長，善加運用演講技巧，能讓結語收畫龍點睛之效。結語型態約有總結概括、引發行動、激勵希望以及感動人心數種。

四種結語的型態

1 總結概括

結語最普遍的型態就是將所講的重點，進行概括性的整理回顧。最常見的是以條列式的方式做總結。在此要提醒，總結要做得好，一定要將演講的目標、標題及內容進行整體的濃縮。以下是我在「學習的重要」的演講，所做的結語。

學習讓你更年輕

學習讓你更健康

學習讓你更聰明
學習讓你更有魅力
學習讓你更有競爭力

2 引發行動

演講「左手刺激右腦，有助於雙腦開發」結語時，我再重複以雙腦萬能取代雙手萬能。「現在，要不要開始使用左手？要的舉手！」這時候大約會有八成的人舉手，我會一面說很好，一面走到用右手舉手的人旁邊，假裝要敲他的頭，然後說，「說要用左手，你還用右手舉手」，效果與笑果十足。接著，我會講，開始使用左手最簡單的方式之一，就是回去使用電腦時，將滑鼠從右邊換到左邊，保證你使用後，感覺馬上不一樣。

演講「創意學習及演講的重要」結語時就引導空大有開設課程，順勢而爲。當有來賓問在什麼地方有這些課程時，我就順勢提出，我們學校有開這門課程。接著再說，這樣的課程，在外面要花好幾萬，在本校只要不到兩千元。本校的學分費是全國最低的，機不可失。接著，趕緊把握機會，跟大家說名額快滿，欲報從速。

3 激發希望

演講結束前，引用例子或故事，來激發讀者的信心與希望，會讓演講的效果更完滿。

我常引用的例子之一是李奇璋教授的故事。他是我在淡江大學擔任資訊工程系主任時的學生。他讀書的資歷相當精彩，國中讀四年，高中讀四年，大學讀五年。也是同學眼中不愛讀書的問題學生。有一次，跟他討論功課，我勸他可以考慮讀碩士。他聽了錯愕地看著我，跟我說：「主任，你別吃我豆腐了。」我就把我讀夜校及聯考考三次的過去講給他聽，我告訴他：「限制一個人發展的就是自己。」

我當初就是認爲自己頭腦不好，所以成績差是自然的。後來，我發現不是頭腦的問題，是學習方法的問題。我開始從IQ決定論改成方法決定論，人生產生相當大的改變。

他聽了以後，過兩天來找我，跟我說：「我想了兩天，覺得主任講的有道理。我決定考碩士班。」

後來，閉關衝刺，順利考上碩士班，跌破不少同學的眼鏡。重建信心後，碩士唸完又朝博士邁進。通過了相當嚴格的博士考試及訓練後，取得博士學位。爾後，被大學聘爲教授並成爲全國最年輕的電算中心主任。

李同學跟我說：「如果不是遇到老師，我沒有今天的成就。」

這時候，我會跟來賓說：「從李同學的例子，你們相不相信，你們應該有更好更多開發自己無窮潛能的機會呢？」

4感動人心

我到屏東縣同中小學老師演講，在結語時，我說：「我的演講費，在企業界以萬元起跳，在學校的演講一小時一千六百元。然而學校邀請我來演講，我馬上答應，爲了來此演講兩個小時，我從台北搭高鐵，再搭車到屏東約三個小時的車程。演講後，還要搭三個小時的車回去。如果不是跟各位一樣，對教育改革有著高度的熱忱，實在是做不來。想想，搭車的時間比演講多了快兩倍。更別提旅途的勞累了。」

在場的老師及家長在我演講完時，跟我說：「一定要將老師講的內容好好運用及發揮，否則對不起您這麼長途的奔波。」

另一個例子，是我經常跟企業界演講，做完結語後有企業會問，如果聘我當顧問諮詢一些經營創新的點子，需要多少費用？我都會回答：「顧問諮詢免費，等這些創意有了成果，你們決定給多少就給多少。」也因此，跟一些企業結了善緣，當了他們的顧問。

第 7 章

八爪
分進合擊

7-1 八大能力，早已形成

八大核心能力：未來力、學習力、多專力、創新力、應執力、表達力、容挫力及強健力，並不是各自獨立而是相互支援，有如章魚的八爪。

這些核心能力的形成背景，其實遠在一九七〇年就被賴金男教授提出。賴教授在其主持的「明日世界」雜誌中，提出了未來學的三項研究特性，即「動態變遷性、未來導向性與科技整合性」。

【動態變遷性】　指出宇宙的本質本身就是「變」，不同時代「變」的速度不同，他認為未來「變」的速度會越來越快，「以不變應萬變」的心理狀態，應改成「以萬變應萬變」。由於變成為常態，所以要持續創新，終身學習，以及有知變應變的容挫力。

【未來導向性】　的觀念與「歷史導向性」剛好相反，賴教授特別提出此一未來導向觀念，乃是要提醒我們的許多思考多是「歷史導向」，根據過去的經驗來探討未來，所謂的「鑑往知來」，但在這快速變遷的社會，已無法光靠過去來探討未來了，甚至應培養未來觀即「未來導向」才能解決現在的問題，所以必須培養未來力以掌握未來趨勢。

【科技整合化】　是指未來的社會問題將是「整體性」的，目前的大學教育單一科系專才教育的方式，已不足以應付未來整體性社會所需的通才，所以教育規劃應朝「整合多種科技」方向，才能培養未來社會所需之人才，多專業及應用力、執行力才能達成科技整合性。而前七種核心能力之培養及運用，都要靠強健力來推行，因此，包含了體能與腦能的強健力是重要的核心能力。

到高雄復華中學演講這八大能力時，董事長孫建行：「從未來學的觀點，這些能力是知識社會的核心能力，所以，學校應將這些能力的培養融入教育內涵。」校長康木村則說：「你提到的聰明餐、健腦操及健腦音樂相當符合時代需求，我們可以推廣。」教學組長許淑眞跟我說：「莊教授，我對你提到的『現在大多數的教育工作者的教育思維及教育方法還停留在ＤＯＳ版』印象最深刻，我們教學組要盡速改版升級。」我說：「越快越好，因爲學校的競爭會越來越激烈。未來，不升級改版的學校，將會被淘汰。」

演講後，參觀學校的高中部、高職部、國中部及幼稚園。到學校的短短過程就發現學校有三個特色：其一，從來聽演講的熱切參與，感受到行政人員跟教師的學習意願相當強，對提升自己的能力頗爲積極；其二，學校相當有未來觀，除了學生的升學率佳且通過證照件數相當亮麗外，同時注重培養學生知識社會的核心能力；其三，應執力相當強，已在討論如何將八大核心能力，融入教學之中。

台北的泰北高中則是另一個善用核心能力，開發學校特色，成功經營學校的例子。有一次討論活用八爪來經營學校，遇到張俊雄主任、林蓓蓓主任、梁康一及林秋玲等幾位老師他們說泰北的董事會就是運用了未來力這一爪，掌握了品德的重要，大力推動品德教育，受到教育局、家長及學生的青睞

在學校相當久的高國慶、吳漢忠及蔡維聖三位主任與劉俊茂老師則說：「校長張水明靈活運用創新力、應執力與學習力這三爪，締造學校卓越的績效。

運用創新力及應執力這兩爪，學校積效卓越，美工及廣設科，連續廿餘年包辦台北市學生美展第一名，並獲得全國學生美展第一名。其次，多次拿下全國技藝競賽中的機器人比賽全國第一名。

在培養學生學習力方面，運用思考力這一爪，分析出要提升學習的興趣與效果，先從提升優異師資著手。學校相當鼓勵教師進修成長，師資群中碩士及博士比例逐年增加，現在碩士比例已達六十一％。也由於辦學理念及推動方法良好，除了升學率屢創新高外，並獲得全國高職評鑑的績優學校。

7-2 擁有八爪——遠離壓力，擁抱成功

擁抱成功

進入知識社會後，各種新競爭力形成。要在知識社會中擁抱成功，當然要具備知識社會的新競爭力。也因此，擁有這八爪的能力，自然能朝成功邁進。

如前所述，善用八爪，連宗教思想的「金剛經」都可以運用於經商致富。

其實，孔子的《論語》及老子的「道家思想」都可以進行商業運用，此眞所謂「運用之妙，存乎一心」。王品集團的董事長戴勝益就表示，運用孔子的思想，是他推動王品成爲台灣最大餐飲集團的成功關鍵。

比如，華人很重視風水及迷信，戴董事長則信奉孔子的「子不語怪力亂神」。選擇任何地點開業，完全專業考量，從不看時日及風水，經常有好友爲他捏一把冷汗。開設台中中港路的「西堤牛排」就是一個教人驚奇的例子。

該地點有人自殺過，還是傳說中的「鬼屋」，一般人閃避都來不及。然而，戴勝益考量的是店面寬敞，租金便宜。租下開店後，營業額居高不下，成爲台中店的「店王」。

其次，《論語》中的「願車馬衣裘與朋友共，敝之而無憾」，強調分享的精神氣度。

戴勝益將其運用在將營利分紅發給員工，不是領薪水幫老闆賺錢，而是大家一起分享經營成果。這是王品集團經營成功的另一要素。

葉兩傳則運用老子思想，加上創新力這一爪，開發了茶道及相關產品。葉兩傳發現，茶不只是飲料，對歐洲人來說也是「心靈飲料」。

日本運用禪的概念，將其融入茶道中，所以在歐洲頗受歡迎。葉兩傳經由思考力發現，日本人運用東方文化中的「禪」加上時尚設計，打動了歐洲人的心。

由於禪宗是佛家的思想與中國文化的結合。葉兩傳遂直接運用純粹中國的老子道家思想，在歐洲開創新的茶飲料品牌「Lao Tsu Say（老子曰）」。葉兩傳詮釋「禪」與「道」的不同。他表示，日本的「禪」是在傳遞「心靈靜止」，這是二十世紀的東方價值。

「道」則是陰陽的、流動的，是二十一世紀流動變化的特質。經由他善用表達力這爪的推廣，歐洲市場開啓「道」的文化，被這一爪開啓，「老子曰」獲得「巴黎國際食品展」頒發國際趨勢及創新獎，是台灣，也是亞洲第一個榮獲此殊榮的產品。

YAMAHA董事長林志明也是創造出成功的例子。由於全國在少子化的趨勢下，各音樂班招生都下滑，林董事長以卓越的未來力看出腦力時代來臨，並掌握了音樂可以開發腦力的新知，繼「學音樂的小孩不會變壞」後，推動「學音樂的小孩變聰明」。

林董事長跟我說：「推動『學音樂的小孩變聰明』後，招生維持穩定，沒有下滑，成爲業界美談。

後來，又看出銀髮族的人口比例大幅成長，由於音樂可以開發腦力，具有活化大腦維持青春的效果，以優異的創新力及應執力推動『學音樂的銀髮族變青春與健康』。這項推動將會讓銀髮族更深入瞭解音樂會活化腦細胞讓人更青春。有朋友問：「如果學音樂都能讓銀髮族變青春與健康，那對中年及青少年的健康不是也有幫助？」我回朋友說：「當然有幫助。學音樂不只是音樂對腦的正面功能，另一個關鍵是學任何樂器除了眼睛要看譜外，都要用到身體各種部位，如學鋼琴需要雙手及腳，學薩克斯風則需要嘴、肺及雙手，這些都會增進人的健康。」我也因爲瞭解音樂的功能後，於五十歲開始學鋼琴，而後學手風琴、薩克斯風及黑管等樂器。每日吹奏下，深深感受音樂對腦力開發及青春健康的正面效益。

有鑑於音樂對健康的正面功能，林董事長又有新點子如何推動全民學習音樂，來強化全民健康。我開玩笑跟他說：「國民健康局應該派員到前瞻創新的YAMAMA考察考察。」

此外，方銘健教授看到了樂團在演奏時，要邊演奏邊翻樂譜，相當不便。方教授運用了創新力開發了液晶顯示自動翻譜器，這對演奏的人來說是一個大福音。林志明董事長一聽後，馬上採用應執力此爪而方教授合作，再以YAMAHA體系來推動執行。

我兩個妹妹也是很好的例子。大妹莊錦華的未來力、學習力、創新力、應執力、表達力都相當強。她運用未來力、創新力及應執力，在擔任行政院客委會時推動「桐花祭」，同時，活用表達力行銷「桐花祭」，並完成「桐花藍海—一朵桐花創造百億商機的傳奇」。小妹莊雅惠以未來力這一爪選擇了抗衰老、養生、健腦、幼兒潛能開發及美容等醫學領域，再運用創新力這一爪開發了養生藥膳、消脂茶、健腦餐及健腦茶等。其次，表達力這一爪讓她成爲經常受邀上媒體的醫師教授。

為什麼會有壓力？

八爪的另一個功能就是遠離壓力。壓力是現代社會的文明病，而且情況越來越嚴重。這可從青年到老年人中，患憂鬱症及自殺比例越來越高的情況下虧出端倪。然而，壓力從哪裡來？爲什麼會有壓力？如果找不出壓力的來源，就不能夠對症下藥。

一般人的壓力來自於能力無法解決問題或滿足需求。每個人都會有「需求」，許多的痛苦來自於「不滿足」，也就是一個人無法滿足自己的「需求」。

「需求」源自於人生的欲望，人在一生中欲望相當多，也造成形形色色的「需求」。

馬斯洛提出「需求層級理論」（Hierarchy of Needs Theory）。從生理的需求（溫飽）、安全的需求（人身安全、生存保障）、社會需求（愛與隸屬、被他人接納）、自尊需求（受肯定、尊重）到自我實現需求（實現夢想）。

馬斯洛理論的基礎是從生理的心理，對形而下到形而上。因此，他從最必須的基本溫飽需求到形而上的自我肯定來分類。

當然，一個人如果連溫飽都無法達成，自然會有壓力產生。

只是，要如何滿足溫飽這基本需求？就是要有收入，對一般人而言，就是要有工作。也因此，一個人在失業時，面對著柴米油鹽醬醋茶等需求，壓力必然降臨。要保住工作的飯碗，就必須具備新社會的工作競爭力。

例如，當老闆交下任務，要是沒有能力達成任務，壓力立即伴隨而至。或是發生了問題，當沒有能力解決問題時，壓力就緊跟在你左右。很清楚的，壓力的形成就是能力不足以應付所要面對的問題。

簡言之，一個人的壓力狀態可以簡單的分成以下三類：

❶ 遠離壓力：能力＞需求

❷ 接近壓力：能力＝需求

❸明顯壓力：能力＜需求

這樣的分類將壓力的型態取決於能力與需求之間的相互關係，所以要定義能力及需求。能力當然以八大競爭力為主。

至於需求，則必須再深入探討，因為每個人的需求不盡相同，甚至差異甚大。

雙求理論，解壓之鑰

回到馬斯洛提出「需求層級理論」來探討需求。層級理論認為低層次需求要先滿足，才會往上次層需求移動。然而，這種分類方法在許多情況下不適用。

比如，有些父母寧可自己挨餓受凍，卻要讓小孩能夠溫飽。（父母親對小孩愛的需求高於自己的生理需求）。

許多傳教士不顧生命安危，深入蠻荒野外，經常三餐不繼，卻熱心傳道並醫治病人（愛的需求高於生理及安全的需求）。

有人很有成就，自我實現良好，但是家庭不和諧，沒有愛的感覺。有的官員，自我實現的層次很好，但要求過嚴，沒有人願意跟他說真心話，沒有隸屬感覺。

這說明了不同階層的需求，不必定是由下而上一成不變的。然而，如果不是依層次來選擇需求，那選擇需求的優先順序是怎麼決定的？於此，提出「需求價值」觀念。

「需求價值」是指每個人對該需求的個人價值。父母親認爲「愛的價值」高於溫飽的「生理需求價值」，所以選擇了犧牲「生理需求」。同樣的，傳教士認爲「自我肯定價值」及「愛的價值」高於「安全及溫飽價值」。所以選擇了犧牲「安全及生理需求」。

每個人對同樣的「需求」，有著不同的「需求價值」。

俗話說：「魚與熊掌不可兼得」。

選魚還是選熊掌，那就看個人認爲魚或熊掌的「需求價值」高。保育環保人士不但沒有對熊掌有「需求價值」，更認爲這是深惡痛絕的負面價值。這與我們文化上認定的熊掌價值高有所差異。**需求價值取決於人生價值，人生價值取決於生命意義**。

朱熹曾說過：「志在利則行學在利，志在義則所行在義。」這個「志」就是人生的價值。耶穌基督的生命意義是「愛」，人生的價值是「愛世人」，所以爲拯救世人上十字架而無怨無悔。

蘇格拉底生命的意義是「眞理」，人生的價值是「追求眞理、捍衛眞理」。因此，當入獄後獄卒因爲尊敬他的偉大想放他走時，他說：「寧願守法而死，不願違法而生。」

耶穌基督及蘇格拉底都爲了人生價值而放棄了生命。當然，也放棄了生理與安全的需求。因爲，他們的「人生價值」遠高於對生理及安全的「需求價值」。

在印度，苦行僧對生理溫飽的需求相當低，甚至以降低溫飽需求來訓練自己。對苦行僧而言，他們對生理溫飽的「需求價值」相當低。

這些例子證明了馬斯洛提出的五種需求並不一定有其由下而上的階層性質。這五種需求的選擇順序，因個人的「需求價值」不同而有所不同的順序。

生理需求基本上是物質生活，對物質生活的「需求價值」越高的人，在生活上的開銷及花費就越高。許多「卡奴」或是「月光族」就是將所得花在物質生活上。也由於物質生活需求價值過高，造成「入不敷出」，生活的安全感反而降低。

在演講「邁向成功，遠離壓力」時，我提出「雙求理論」。其基本精神是，想辦法讓自己的「能力」高於「需求」。也就是「要求要高」，對自己能力的要求越高越好。其次，「需求要低」，個人的需求越低越好。

當「能力」超過「需求」的距離越來越高時，會產生兩個現象。一個是離壓力越來越遠。另一個是可以做更多的事，因爲收入減掉需求的淨值會越來越多。

十多年來我都自己每年編一筆經費做公益費用。今年開始，到公益或慈善機構演講都不收費，且交通費自行處理。有來賓會問：「這樣聽起來蠻好的，那要培養什麼樣的『能力』呢？」答案就是本書的八大核心能力。

至於降低需求，則有心理層面及物質層面的需求。名聲及權位屬於心理層面，食衣住行育樂等各種消費屬於物質層面。我在《驚豔台灣—生態大國的未來願景》書中有提到，人應與自然共生，所以我過著在食衣住行育樂方面的需求都相當低的生活。

在心理層面方面，追求名位，對名位需求過高，經常造成很多人的煩惱。太在乎名位的人，一旦失去了名位，馬上如同掉到無底的深坑。

所以，我常跟許多朋友說：「不要在乎名位。」有人問我要如何才能不在乎？我說：「你爲什麼會在乎？」他說：「因爲我心裡的想法在乎。」我說：「這就對了，你心裡的想法在乎。我心裡的想法就不在乎。」我當了三任大學校長，當任期到不再當校長，有人會問：「不當校長會不會有點失落感？」我說：「你有沒有搞錯？」我不但沒有失落感，相反的，我高興得要命，因爲校長這個位置，對我來說是「責任」不是「名位」。既然是責任，就應輪流扛，有人要扛下一任的責任，對我而言，當然是高興的事。其次，不當校長，自己的時間就多出來，可以發揮的空間及可做的事就更多了。

所以，在不在乎由自己決定。如果，你要不在乎名位，就必須改變你心裡的想法，你心裡的想法則跟你的人生觀有關。

有朋友問：「你的人生觀是什麼？」我說：「李白的詩句：『天生我才必有用』，我的人生觀則是『天生我才盡量用』，就是將自己的能力盡可能的運用。」因爲，人生就這麼一趟，能爲這個社會出多少力就盡量出力。

我對一個人的評價是：「這個人爲社會付出什麼？」。想想，人與其他動物不同點在那？人與其他動物相同點是都要吃喝拉撒睡，主要的不同點就是人可以對社會做出許多付出。試想，一個人一輩子的食衣住行要從地球上取用多少東西，難道不該爲社會付出嗎？

所以，我對一個人的尊敬度取決於這個人──「爲社會付出什麼？」至於一個人的職位、財富或知名度，都不是我考慮的重點。花蓮的陳樹菊不就是個很好的例子嗎？。

我經常受邀到邊遠地區的中小學演講，有時候，光交通時間來回就要五個小時。再加上學校的演講費不高。到了學校後，經常有人會說：「這麼遠，演講費又不高，沒想到你會受邀前來。」我說：「金錢對我來說，夠用就好。」越遠的地方邀請，我越喜歡。因爲，同樣的付出，對偏遠地區的人們產生的功能更大，更有意義。

7-3 八大能力雖各自獨立卻相互關聯

八大能力看起來各自獨立，其實相互關聯且相互可以支援。也就是說，學習其中一種能力時，同時也在學其他能力。瞭解這八種能力相互關聯的特性後，有助於更有效的學習這八大能力。

1 **未來力，又稱前瞻思考**。我在教「前瞻思考」時會跟學員說：「要學會前瞻思考，必須學會『思考』。」所以，要具備未來力，就必須具有思考力。又由於未來社會跟現在不同，所以思考出來的未來必然有創新性。因此，未來力與創新力息息相關。

2 **學習力**。學習力與創新力及未來力高度關聯，因爲要學習的領域必須在未來的社會有競爭力。其次，要提升學習效率當然要持續創新。此外，沒有強健力(Energy)則學習力是會打折扣的。

3 **多專力**。多專業力與學習力及未來力相關。要具備多專業能力，則必須能效率學習。要學習那些專業，就必須具備未來力。

4 **創新力**。創新思考力與未來力及學習力相關。孔子說：「學而不思則惘，思而不學則怠」。要創新，必須瞭解社會變遷，才能掌握社會新需求。此外，社會變遷，新知識將蜂擁而至，需要強的學習力，以有效率的吸收新知。

5 **應執力**。應用力、執行力與思考力、創新力及未來力相關，因為要應用執行成功，必須要所運用執行的事物具創新性且符合現在及未來社會的需求。

6 **容挫力**。容挫力與其他七種能力都相關，因為其他七種能力越強，越將強化容挫力。

7 **表達力**。表達力與學習力、創新力、未來力及容挫力等相關。首先，要會多種語言。其次，表達能力不只需要表達技巧，也需要EQ及同理心，這些能力都與容挫力有關。再來，社會持續變遷，表達方式及內容都需要隨社會變遷而調整。

8 **強健力**。強健力(Energy)與其他七種力都相關，因為培養及推動這些能力都需要強健力為基礎。

7-4 結語：分進合擊，開疆闢土

這八種核心能力有兩大特性，其一，各自獨立，相互關聯。因此在培養每一爪的能力時，就應注意其相互關聯性，以強化學習這八爪能力的效果。

另一個特性是，這八爪不只能單獨做戰，更可以分進合擊。有如人在比武時，雙手及雙腳都要善加運用，才能克敵致勝。

在農業社會，靠強健的雙手雙腳，以開疆闢土，安身立命。

在工業社會，專業科技成爲重要競爭力，具備一個專業的I型人成爲社會主流。

在資訊社會，科技整合需求提升，具備兩個專業的π型人，成爲社會新需求的人才。

在知識社會，每個人可以是一個獨立作戰的個體，也可能是帶領作戰戰隊的領導人。每個人需要的不只是一種專業，也不只科技整合能力，而是需要具備這八大核心能力。否則，很容被淘汰。所以說，章魚哥，章魚妹時代來臨了。

這八大能力，可以分進，也可以合擊。綜言之，每個人都需培養八爪能力，妥善運用八爪，期許在知識社會突破挑戰，開創人生的新境界。

國家圖書館出版品預行編目資料

章魚工作成功術 / 莊淇銘 著 -- 初版. -- 台中市：晨星，2011.08
面；公分 . ——（guide book； 217）
ISBN 978-986-177-516-6（平裝）

1.學習 2.成功法

176.3 100013080

Guide book 217
章魚工作成功術

作者	莊淇銘
主編	莊雅琦
編輯	游薇蓉、劉又菘
校對	黃幸代、曾明鈺
封面設計	陳其煇
負責人	陳銘民
發行所	晨星出版有限公司 台中市407工業區30路1號 TEL：04-23595820 FAX：04-23597123 E-mail：morning@morningstar.com.tw http：//www.morningstar.com.tw 行政院新聞局局版台業字第2500號
法律顧問	甘龍強律師
承製	知己圖書股份有限公司 TEL：(04)23581803
初版	西元2011年8月31日
總經銷	知己圖書股份有限公司 郵政劃撥： 15060393 (台北公司)台北市106羅斯福路二段95號4F之3 TEL：(02)23672044 FAX：(02)23635741 (台中公司)台中市407工業區30路1號 TEL：(04)23595819 FAX：(04)23597123

定價 250 元
ISBN 978-986-177-516-6

Published by Morning Star Publishing Inc.
Printed in Taiwan

◆讀者回函卡◆

以下資料或許太過繁瑣，但卻是我們瞭解您的唯一途徑
誠摯期待能與您在下一本書中相逢，讓我們一起從閱讀中尋找樂趣吧！

姓名：＿＿＿＿＿＿＿＿　性別：□男　□女　生日：　／　／

教育程度：＿＿＿＿＿＿

職業：□學生　□教師　□內勤職員　□家庭主婦
□SOHO族　□企業主管　□服務業　□製造業
□醫藥護理　□軍警　□資訊業　□銷售業務
□其他＿＿＿＿＿＿＿

E-mail：＿＿＿＿＿＿＿＿＿＿　聯絡電話：＿＿＿＿＿＿

聯絡地址：□□□＿＿＿＿＿＿＿＿＿＿＿＿＿＿

購買書名：章魚工作成功術

・本書中最吸引您的是哪一篇文章或哪一段話呢？＿＿＿＿＿＿

・誘使您 買此書的原因？

□於＿＿＿＿書店尋找新知時　□看＿＿＿＿報時瞄到　□受海報或文案吸引
□翻閱＿＿＿＿雜誌時　□親朋好友拍胸脯保證　□＿＿＿＿電台DJ熱情推薦
□其他編輯萬萬想不到的過程：＿＿＿＿＿＿＿＿

・對於本書的評分？(請填代號：1. 很滿意 2. OK啦！ 3. 尚可 4. 需改進)

封面設計＿＿＿＿　版面編排＿＿＿＿　內容＿＿＿＿　文／譯筆＿＿＿＿

・美好的事物、聲音或影像都很吸引人，但究竟是怎樣的書最能吸引您呢？

□價格殺紅眼的書　□內容符合需求　□贈品大碗又滿意　□我誓死效忠此作者
□晨星出版，必屬佳作！　□千里相逢，即是有緣　□其他原因，請務必告訴我們！
＿＿＿＿＿＿＿＿＿＿＿＿＿＿＿＿

・您與眾不同的閱讀品味，也請務必與我們分享：

□哲學　□心理學　□宗教　□自然生態　□流行趨勢　□醫療保健
□財經企管　□史地　□傳記　□文學　□散文　□原住民
□小說　□親子叢書　□休閒旅遊　□其他＿＿＿＿＿＿＿

以上問題想必耗去您不少心力，為免這份心血白費

請務必將此回函郵寄回本社，或傳真至(04)2359-7123，感謝！
若行有餘力，也請不吝賜教，好讓我們可以出版更多更好的書！

・其他意見：

晨星出版有限公司 編輯群，感謝您！

請填妥後對折裝訂，直接投郵即可，免貼郵票。

廣告回函
台灣中區郵政管理局
登記證第267號
免貼郵票

407
台中市工業區30路1號

晨星出版有限公司

請沿虛線摺下裝訂，謝謝！

更方便的購書方式：

(1) 網　　站：http://www.morningstar.com.tw
(2) 郵政劃撥　帳號：15060393
戶名：知己圖書股份有限公司
請於通信欄中註明欲購買之書名及數量
(3) 電話訂購：如為大量團購可直接撥客服專線洽詢

◎ 如需詳細書目可上網查詢或來電索取。
◎ 客服專線：04-23595819#230　傳真：04-23597123
◎ 客戶信箱：service@morningstar.com.tw